薛东星 著

A THOUSAND-YEAR
HISTORY OF YAOZHOU KILN

千年耀州窑

文物出版社

图书在版编目（CIP）数据

千年耀州窑 / 薛东星著. -- 北京：文物出版社，2018.8
ISBN 978-7-5010-5219-6

Ⅰ. ①千… Ⅱ. ①薛… Ⅲ. ①瓷器（考古）—研究—耀
州区 Ⅳ. ①K876.34

中国版本图书馆CIP数据核字（2017）第214877号

千年耀州窑

著　　者	薛东星
封面题签	耿宝昌
摄　　影	孙之常　末松贤一（日）　任　超
	黄风升　赵　震　张明慧　任筱虎
英文翻译	杨　瑾　靳文斯　卢宣淼
英文审校	杨　瑾
责任编辑	王　戈　宋　丹
责任印制	陈　杰
责任校对	李　薇
装帧设计	北京雅昌设计中心·杨玲艳
出版发行	文物出版社
地　　址	北京市东直门内北小街2号楼
邮　　编	100007
网　　址	http://www.wenwu.com
邮　　箱	web@wenwu.com
印　　刷	北京雅昌艺术印刷有限公司
经　　销	新华书店
开　　本	965mm×635mm　1/8
印　　张	33.5
版　　次	2018年8月第1版
印　　次	2018年8月第1印刷
书　　号	ISBN 978-7-5010-5219-6
定　　价	380.00元

黄堡烧瓷始于唐而终
于明历代各有特色宋代
刻花青瓷线条犀利纹饰
洒脱印花青瓷布局规整纹饰
丰富在宋瓷中独树一帜

辛未年秋
雨光铭书

序一

郑欣淼

原文化部副部长、故宫研究院院长

东星同志所著《千年耀州窑》即将出版，嘱我作序以，欣然领命，诚感此书乃有益于文博事业之一大佳构也。

耀州窑是我国北方的青瓷名窑，烧造历史长达 1400 余年，至今炉火不熄。对耀州窑瓷器，宋元明清的著录多有记载，但对耀州窑的科学考古调查和发掘研究，则是在 1949 年之后。1954 年、1957 年，北京故宫博物院的陶瓷专家陈万里、冯先铭、李辉柄等曾两次到耀州窑遗址考古调查。调查成果由陈万里先生著文《我对耀瓷的初步认识》、冯先铭先生著文《耀州窑》，分别在《文物参考资料》《文物》期刊上发表。1959 年，陕西省考古研究所对耀州窑遗址进行了首次科学考古发掘，这次发掘也是 1949 年后考古工作者最早对古瓷窑遗址进行的一次重要的考古发掘。其成果《陕西铜川耀州窑》是中国首部古瓷窑址田野考古报告集，为我国北方古陶瓷的断代提供了科学的依据。1973 年，陕西省文物管理委员会、铜川市文化馆配合基建对黄堡窑遗址进行了第二次考古发掘。1984 年陕西省考古研究所、铜川耀州窑博物馆进行的第三次大面积、长时间的发掘，全面揭示了其时代特征、工艺成就及文化内涵，出土了一大批各时期丰富的陶瓷文物及标本，清理出保存较完好的制瓷作坊、烧造窑炉等工艺设施遗迹，为建设耀州窑博物馆和国家考古遗址公园奠定了坚实的基础。耀州窑遗址的发掘，是我国对古瓷窑首次进行的大面积发掘。其成果对北方青瓷的断代有重要的意义，并为研究中国陶瓷史和古代政治、经济、文化提供了丰富的实物资料。1988 年，耀州窑遗址被国务院公布为全国重点文物保护单位。1994 年，铜川市在耀州窑遗址上建成国内首座古陶瓷遗址专题博物馆——耀州窑博物馆。2001 年，耀州窑遗址考古发掘被评为 20 世纪中国百大考古重大发现及陕西省十项重大考古发现之一。

认识东星同志还是 20 世纪 90 年代的事。当时我刚调到国家文物局工作不久，他和铜川市市长刘遵义、文物局局长董一俊来国家文物局汇报耀州窑的工作。之后，我又三次去铜川耀州窑博物馆，便和他更熟悉了。我到故宫博物院任职直到退休，都与他有交往。东星同志给我的印象很深，他始终精神饱满，工作富有激情又有儒雅风度。在他任耀州窑博物馆馆长期间，耀州窑不但在大遗址保护、陈列展示、学术研究、宣传教育、人才培养等工作方面均走在行业的前列，而且在业内很有影响力。一个地市级博物馆做到这样的水平，实属难得。

东星同志插过队，当过知青，又被招工到歌舞团作小提琴演奏员，改行后到文博战线，逐渐成长为耀州窑研究方面的专家，这种经历反差实在是太大。如果没有一个明确的奋斗目标和踏实的钻研精神，他也不会有今天的显著成果。他是幸运的，20 世纪 80 年代刚到博物馆就赶上耀州窑遗址的考古发掘，这为他今后的业务成长打下坚实基础。他参与了耀州窑遗址的保护和建馆工作，和领导同事多次到省、国家计划、财政、文物等部门汇报工作，争取支持，使耀州窑遗址的保护和利用在全国的陶瓷遗址中有典型示范作用。耀州窑博物馆建馆的资金筹措、科学规划、陈列展示、运作管理等方面，无不凝结着他的智慧和心血。他还兼任铜川市侨联的领导工作，繁忙的行政事务之余，仍致力于耀州窑学术研究和博物馆业务的开展，先后组织了四次耀州窑国际陶瓷学术讨论会，个人撰写发表专业论文、考古简报等 30 余篇；撰写、主编出版专著4 部 300 多万字；参与策划组织了"铜川耀州窑陶瓷精品展"，在故宫博物院、上海博物馆、陕西历史博物馆、秦始皇兵马俑博物馆及日本等地巡回展出；应邀到美国、日本、意大利、法国及中国台湾、中国香港等国家和地区进行讲座学术交流。2002 年，他主持的国家文物局社科项目"陈炉地区古陶瓷遗址的考古调查和研究"，取得了可喜的学术成果。2007 年以来，为了博物馆的陈列改造，他在多方筹资的同时，还从香港、西安等地征购一百多件珍贵耀瓷文物。2009 年 10 月，在他即将退休之际，为之艰辛努力奋斗了十多年的耀州窑博物馆陈列改造项目，在各方的支持下拉开了序幕，经过九个多月的精心施工，于 2010 年 6 月完工。改陈后的基本陈列以创新的理念、珍贵丰富的文物、高科技手段以及雅俗共赏的艺术展示效果得到专家和观众的肯定。用东星的话，"这算是我在耀州窑工作三十年退休交出的答卷吧！"

东星同志虽已退休，但他仍活跃在文博学术界，笔耕不辍，《千年耀州窑》就是近年来一部重要成果。这部著作打破了以往对窑口概述的传统方法，从耀州窑丰富多彩的陶瓷资料中撷取最具特色的唐三彩、五代及宋代青瓷、金代月白釉瓷进行论述和研究，以展现该窑场独特的工艺和文化个性。耀州窑历史上虽属民窑，精品却被宫廷王室选中，作者利用文物和文献资料互相印证，论述了其和宫廷的密切关系。作为我国古陶瓷研究中悬案之一的柴窑，东星同志也有自己独到的认识。他依据耀州窑遗址发掘出土的五代天青瓷，通过研究比对国内墓葬出土的耀州窑天青瓷，提出耀州窑属于五代贡窑，在窑址和辽代帝陵及贵族墓葬中出土的天青瓷属于柴窑产品的论点，论述有理有据，结论新颖。另外，书中 160 多幅耀州窑精美的历代陶瓷图片，也给研究、收藏者提供了难得的资料。

总之，《千年耀州窑》不仅是一部图文并茂的耀州窑研究专著，也是三十七年以来东星同志从事耀州窑文物工作的业务总结。祝贺《千年耀州窑》即将付梓！

是为序。

2018 年 1 月 1 日

序二

孙新民

中国古陶瓷学会会长、研究员

陕西铜川耀州窑是我国北方地区重要瓷窑之一，以生产刻花青瓷见长。1982 年出版的《中国陶瓷史》将其列入宋代六大窑系之一的"耀州窑系"。

该窑址曾于 1959 年和 1973 年进行过两次考古发掘。1984 ~ 1991 年，陕西省考古研究所、铜川耀州窑博物馆进行了第三次发掘，揭露面积 11500 平方米，发掘出唐、五代、宋、金、元等各个时代的文化层和大量窑炉、作坊、灰坑、墓葬等重要遗迹，出土各类瓷器及窑具标本 110 多万件，是迄今我国发掘瓷窑遗存规模最大、出土遗物最多、延续时代最长的一处古代窑址。目前已出版《唐代黄堡窑址》《五代黄堡窑址》《宋代耀州窑址》三部考古报告。唐代的土洞式作坊和窑炉，宋金时期粉碎原料的石碾和砖石结构作坊内拉坯用的转轮、烘坯用的火炕、施釉用的大缸等遗存，完整地再现了该窑各时代制瓷工艺流程。唐代的三彩龙首套兽、五代的裹足支烧"官"字款青瓷、宋代的图案丰富且刀锋犀利的刻花青瓷，无不显示出耀州窑精湛的生产技术和高超的工艺水平。

1982 年版的《中国陶瓷史》属"耀州窑系"的有河南临汝窑、宜阳窑、宝丰窑、新安城关窑、禹县钧台窑、内乡大窑店窑等 6 个窑口，实际上河南地区还有鲁山段店窑、郏县黄道窑等多个窑口也烧制此类青釉瓷器。因此，也有河南陶瓷学者把上述诸河南窑口生产的宋金青瓷命名为"临汝窑系"。尽管有不同的名称，但毋庸置疑河南青瓷与耀州窑青瓷有着密不可分的联系。

正是因豫陕两地瓷窑产品的相似性，我与同为从事古代陶瓷研究的薛东星先生有过多次交往。薛先生退休前曾担任耀州窑博物馆馆长，近日打来电话，希望为他新著的《千年耀州窑》一书写序，并发来了新书的样稿。虽然对耀州窑缺乏研究，但深知他退休后从事写作的不易，我慨然应允。通读之后，我觉得此书非常适合博物馆观众阅读，是当前向社会公众宣传古代陶瓷文化的好教材。一是一册在手，尽览全貌。通过阅读该书，能够对历史上的耀州窑有一个全面的认识和了解。该书不仅介绍了黄堡镇的耀州窑址，还对陈炉地区的立地坡窑、上店窑和陈炉窑三大窑场作了介绍。书中内容也不仅限于耀州窑址，还旁及了耀州窑产品的流布、北方墓葬出土的耀州窑瓷器，以及烧制唐三彩的河南和河北窑口等。二是深入浅出，通俗易懂。该书重点突出，简明扼要，主要解读了唐三彩、北宋青釉瓷、金代月白釉瓷等耀州窑的著名产品，尤其是对五代"官"字款青瓷、"柴窑"问题、宋金贡瓷、明代琉璃厂等耀州窑与宫廷的关系作了释义。三是文图并茂，雅俗共赏。除用简约文字介绍耀州窑一千多年来的发展历程和卓越成就外，还精心挑选了从唐代一直到民国时期耀州窑精品瓷器 160 余件，多方位展示，并辅以详尽的文字说明，让读者可以直观地认识和区别耀州窑瓷器的风格特点，从而加深对耀州窑瓷器的整体印象。尽管薛东星先生开玩笑说这本书是他的封笔之作，但我还是希望他再接再厉，在保重身体前提下能够再出新的成果。

　　是为序。

2018 年 1 月 23 日

目录

图版目录

壹　耀州窑历代窑场的形成与分布

耀州窑最初的烧造地在黄堡镇,在随后的发展中窑场逐渐扩展到塔坡、陈炉以及玉华等地,形成了以黄堡镇为中心众星捧月的格局。

一　黄堡镇耀州窑址

登临黄堡镇东南的塬头俯瞰塬下川道,十里窑场尽收眼底。享誉中外、烧造了800余年的宏大窑场,随着岁月的流逝已荡然无存。眼前窑址上矗立起规模恢弘的博物馆和窑址保护厅。狭长的高速公路、铁路穿过窑址,而那条千年不息、纵贯窑场、曾经滋养孕育了耀州窑的母亲河——漆水河,依然潺潺流淌着,似乎要对世人讲述这里的兴衰,昔日窑场的辉煌彷佛又重现眼前。

黄堡历史悠久,北魏曾在此置县。现存铜川药王山北魏永熙二年(533年)《邑主僬蒙文妪赏姬娥合邑卅一人等造像碑》载,当时的黄堡属于"北雍州宜君郡黄堡县",隋唐时属于京畿要地,五代后隶属耀州,建镇历史长达1600余年。唐初至明代数百年间,黄堡镇作为驰名中外的青瓷窑——耀州窑的中心窑场所在地,已成为著名的手工业城镇。民国《同官县志》载:"黄堡镇故瓷场,在县南四十里","地方故老相传南北十里,皆其陶冶之地,所谓十里窑场是也"。

当年的窑场是怎样的繁荣呢?

状如馒头的窑炉星罗棋布,烟囱林立,作坊鳞次栉比,商号、货栈、客店比比皆是。炫鬻瓷货叩击时发出的铿铿声清脆悦耳,招引生意的吆喝声此起彼伏。瓷器如山,商贾如云,河面船队鱼贯,大路上车水马龙。作坊里轮子飞转,巧手下造型各异的坯体在诞生;作坊外石杵声声,劳作号子在空中回荡。夕阳西下,座座窑炉喷薄的烈焰映红了张张古铜色的面庞,映红了荡漾的漆水和半壁夜空,炉火明灯十里不断,蔚为壮观。如今,漫步在十里窑场的漆水河畔,显露在沟边、断崖上的窑炉、作坊残垣,废弃窑炉的红烧土及耐火砖和凝结其上斑驳透明的釉迹仍依稀可辨,而那些沉睡了数百年的瓷片、匣钵,在平畴沃野中随处可见。

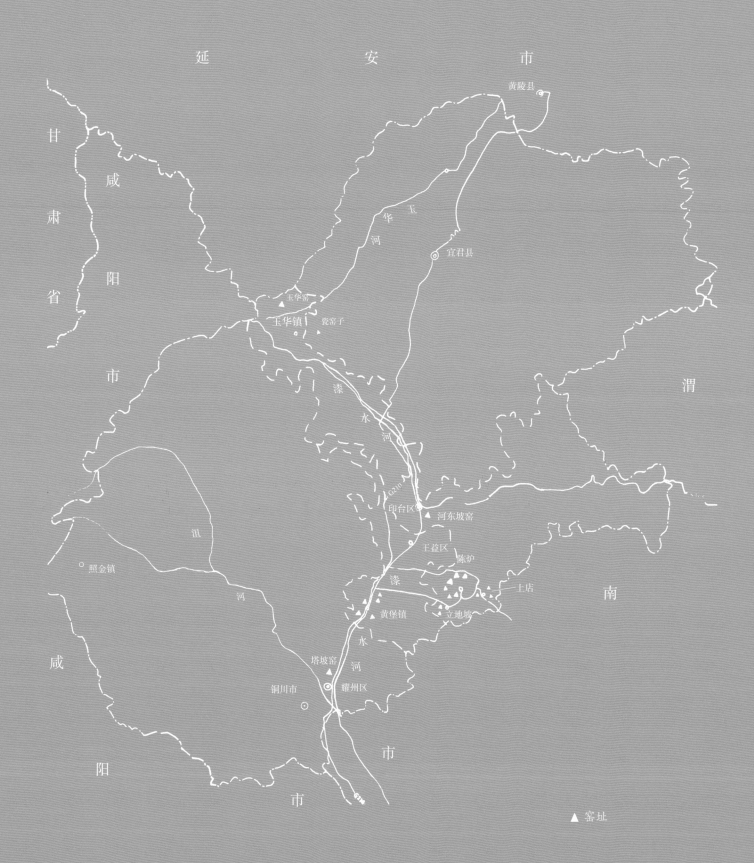

延　安　市

甘　肃　省

咸　阳　市

咸　阳　市

渭　南　市

黄陵县

宜君县

玉华窑

玉华镇　瓷窑子

漆
水
河

印台区　河东坡窑

王益区　陈炉

漆　水　河　上店

黄堡镇　立地坡

沮

河

照金镇

塔坡窑

铜川市　耀州区

G210

▲ 窑址

▲ 窑址

图一　耀州窑遗址平面分布示意图

图二 博物馆外景

图三 遗址保护展示厅外景

图四 遗址保护展示厅内景

　　黄堡镇窑场地理位置十分优越，"青峰四回，渌水傍泻"，陆路、水路交通便利。窑场就坐落在关中通往陕北的古道上，北距同官古城约15公里，南距耀州古城约8公里。贯通窑场的漆水河在耀州城南与沮水汇合，流经富平，流向渭水。窑场周围的山下，蕴藏有丰富的瓷土和煤炭资源，承载了800余年辉煌的烧造历史，给后世留下极其丰富珍贵的陶瓷文化遗产。

　　耀州窑遗址南北长约5公里，东西宽约2公里，1988年1月被国务院公布为第三批全国重点文物保护单位。现建有国内规模最大的古陶瓷遗址博物馆和两个遗址保护展示厅（图一～四）。

二 塔坡窑址

塔坡窑址位于古耀州城东，因此地北坡上有神德寺塔，当地百姓即称该地为塔坡。塔坡原有新石器时期遗址，后被县城扩建蚕食。20 世纪 80 年代，陕西桃曲坡水库管理局建办公楼时挖出匣钵、瓷片堆积，耀县药王山博物馆的干部闻讯赶往，遗憾的是遗迹已被挖掉，仅捡回一些青瓷标本，经鉴定为宋代中期产品。

该窑址距黄堡仅 8 公里，而且周围没有瓷土、煤炭资源，所需原材料、燃料都要从黄堡运输，烧造规模十分有限。

三 陈炉地区耀州窑址

陈炉地区耀州窑址包括立地坡窑、上店窑和陈炉窑三大窑场。它们都是黄堡耀州窑的延续和继承。根据考古调查可知 [1]，立地坡、上店窑至少在金代就开始烧造青瓷了，而陈炉窑烧造青瓷可能还要更早些，至少在宋代晚期。明代中期黄堡窑停烧后，陈炉窑替而代之，成为西北地区规模最大的陶瓷生产基地，至今仍炉火不熄。

1. 立地坡窑址

创建于北宋晚期至金初，明代后期停烧。该窑主要烧造青黄和青釉瓷，兼烧黑釉、茶叶末釉瓷。元代大量烧造姜黄釉青瓷，明清时烧造黑釉、白釉、茶叶末釉及白地黑花、白地赭彩瓷。立地坡窑址位于铜川市印台区（古称同官县）陈炉镇立地坡村（古称立地坡镇），西北距铜川市区约 20 公里，西距黄堡中心窑场约 15 公里，北距陈炉镇约 5 公里。该村坐落在东西狭长的山岭上，东临石马山，西邻立地坡堡子，南、北两侧为坡地。古窑遗址呈阶梯状以村为中心向周围数公里辐射，瓷窑、作坊多分布于山梁或山腰的缓坡地带。

古立地坡虽无大河，但植被覆盖甚好，泉水丰沛。瓷土、釉药、石灰岩等制瓷原料以及煤炭蕴藏量极其丰富，这些资源为陶瓷的生产创造了优越的条件。

明秦王府琉璃厂遗址属立地坡窑址。

明秦王府琉璃厂位于立地坡村西，民国《同官县志·工商志》"立地镇瓷·琉璃厂"条记载："盖明时，专供秦王府盖造之用。"证明了其确系明秦王府地方官办性质的王府窑场。据《同官县志》著录的明代侍郎苏民《重修立地琉璃厂敕赐崇仁下院宝山禅林碑记》载："邑东南隅名立地坡者，乃圣祖开天之后，分封诸藩，特赐秦国，以为专造琉璃厂地也。当时是，宝山禅林实建其中。其地川原回旷，出产乾（坩）泥，足以造陶器之用。"《碑记》已明确说明了琉璃厂的位置，宝山寺就建在其中。

1 耀州窑博物馆、陕西省考古研究所、铜川市考古研究所：《立地坡·上店耀州窑址》，三秦出版社，2004 年。

图五　"秦府"款拓片　　　　　　　　　　　　　　　　　　　　　图六　秦王府琉璃厂遗存的素烧板瓦

　　1988年，耀州窑博物馆在该村征集到刻有"秦府"款的大海缸（图五）。1993年10月，笔者在立地坡调查时，在西坡下两户村民新建的窑院内发现了大量的素烧瓦件和少量施孔雀蓝釉的瓦件（图六、七）。其中部分瓦头刻有"官"字款（图八）、"立地坡造凳水瓦壹样捌拾片"字样的戳记和形状不同的戳记符号（图九）。重要的是还出土了一通明代青石香幢。香幢由顶盖、幢体和底座组成，顶盖饰二龙戏珠浮雕，幢体四面刻文为"秦府宝山寺醮立记"；"耀州同官县永受里立地坡，皇帝万岁万万岁，时嘉靖四十一年岁次壬戌正月吉日立"（图一〇）。

图七　明代蓝釉龙纹琉璃筒瓦　　　　　　　　　　　　　　　　　图八　"官"字款拓片

图九　带铭文素烧板瓦及瓦头款、戳记拓片

图一〇　明代"秦府宝山寺醮立记"香幢拓片

2. 上店窑址

上店窑址位于立地坡村的东边,相距约 7 公里,北距陈炉镇 2.5 公里。村落坐落在一个南北长的山岭上。古窑址主要分布在村西的罗陵坡、场场坡、干沟等地的阶地上。古上店窑周围林木茂盛、泉水丰沛,瓷土、石灰岩、煤炭与林木构成丰富的原料和燃料。金代创烧,元代续烧，以烧造青瓷为主，兼烧黑釉、酱釉和茶叶末釉瓷。明代中期受关中大地震的影响，地下泉水断流后窑场停烧。

3. 陈炉窑址

陈炉镇位于铜川市东南约15公里，"以陶炉陈列而得名"（图一一）。镇和窑场依山而建，"居民沿崖以瓷砖甃洞而居，上下左右层叠密如蜂房"。"其山自麓至巅，皆为陶场，土人燃火炼器，弥夜皆明，值春夜，远眺之，荧荧然一整山也"。此番"炉山不夜"的美景被明崇祯《同官县志》载入同官县的"八景"之列。该窑创烧于金代晚期，延烧到到民国。早期烧造青黄釉、姜黄釉青瓷，明清时以烧造黑釉、白釉、酱釉瓷为主，同时兼烧白地黑花、白地赭彩瓷以及琉璃建材等品种。

今日的瓷镇陈炉，窑炉依旧满布，青烟缭绕，炉火不熄。镇民们沿袭着古老传统的制瓷技艺，在原地建窑倾倒废弃的炉渣、瓷片，周而复始瓷瓦山竟达几十米之高。2006年，国务院将"耀州窑陶瓷烧造技艺"列入国家首批非物质文化遗产名录。2007年，国务院将陈炉古窑址与黄堡耀州窑遗址合并为一处，列为全国重点文物保护单位。2008年，国家住房和城乡

图一一　陈炉远眺

建设部、国家文物局将陈炉古镇公布为第四批"中国历史文化名镇"。

四　玉华窑址

玉华位于铜川市北40公里子午岭的山谷中，南距黄堡60公里。这里峰峦叠嶂，林木葱郁，飞瀑松涛，山花烂漫，景色秀丽气候宜人，古人称其"高寒清迥，远胜骊山"。唐高祖李渊所建行宫"仁智宫"即在此地，唐太宗李世民继位后扩建为"玉华宫"。高宗永徽三年（651年）废宫为寺，改名"玉华寺"，著名的唐代高僧玄奘曾在此译经四载，并圆寂于此。

玉华窑与宫殿比邻，遗址从川道跨越山坡。该窑创烧于北宋早期，金元续烧，毁于元明，以烧造青瓷为主，兼烧黑釉、茶叶末釉和白釉瓷[2]。该地不但瓷土丰富，煤炭到现在仍是主要产业。

除去以上四处较大的窑场之外，在清末还有一个河东坡窑址，也值得一提。河东坡窑址位于古同官县城（今铜川市印台区）东门外漆水河对岸。民国《同官县志·工商志》载："河东坡瓷，在县东门外里许。清光绪十四年（1888年）知县徐锡璠试制未成；二十五年（1899年），知县黄肇宏又试未成。二十七年邑大饥，江西潘民表携款来邑赈济，相度地势，集股开办，改进清瓷窑，泥土取诸县南二十里砠子山。二十八年，派邑人赵子清赴江西景德镇考察，雇工匠十余名返，初试于西安西岳庙内，有成效。三十一年遂移县制作。出品虽稍逊于景瓷，但每窑均有出色之品数种，因配食具数桌，进呈清太后，大得优奖。经五六寒暑，成绩颇著。嗣潘疾卒，各股东有回籍者，家落无资力者。款绌不继，遂停。今旧址犹存。"20世纪90年代，禚振西先生曾经调查过该窑址，在农户院内发现了残窑遗迹。河东坡窑距黄堡仅10多公里，所用原料来自黄堡窑场的原料地"砠子山"，生产规模虽不大，但产品直接进贡太后慈禧，足见其工艺水平之高超、历史地位之重要。河东坡窑生产的器物究竟有什么，目前没有可靠的资料，但是从生产所使用的工匠来源于景德镇来看，大约还是景德镇一类的瓷器。景德镇瓷器以青花为主打产品，或许正是这股活水，促进了陈炉耀州窑青花瓷器的逐渐兴盛。

2 北京艺术博物馆：《中国耀州窑》，中国华侨出版社，2014年，第18页。

贰 耀州窑的唐三彩

创烧之初的耀州窑地处京畿之地。独特的地理位置，便于窑工们学习外来的先进技术和特色产品的输入。其中的唐三彩无疑是耀州窑一种绚烂夺目的产品。

一 唐三彩发现始末

唐三彩主要用黏土作胎，经素烧后，将铜、铁、钴、锰等元素加入铅釉中作催化剂，涂在器物表面再入窑，经过 800℃左右的炉火烧制而成。

唐三彩是以黄、绿、蓝三色作基调，经过复杂的窑变，进行自然调染。因釉料中含有大量的助熔剂铅，使釉的熔点降低，胎体表面的釉料在焙烧过程中向四周扩散流淌，各种颜色互相浸润交融，形成自然而又斑驳瑰丽的三彩釉。由于是唐代创烧，又以三种颜色釉作基调，所以人们习惯称之谓"唐三彩"。

唐三彩最早发现于 20 世纪初。当时陇海铁路工程修至河南洛阳，在邙山脚下古墓中发现了大量的色彩斑斓的釉陶器。古玩商将这些器物运到北京，引起了古器物研究学者王国维、罗振玉等人的重视。

唐三彩多出土于西京长安和东京洛阳，20 世纪 50 年代，河南巩县曾发现唐代专门烧造三彩器的窑址；20 世纪 70 年代和 21 世纪初，河南省文物工作者又对巩县的唐三彩窑址进行了考古发掘，揭示出其文化内涵和烧造工艺的全过程。西安地区唐墓出土的三彩陶器数量比洛阳多，而且陶塑的形体还特别大，远地运输绝非易事，学术界早在 20 世纪 50 年代就据此推测西安附近应该有烧造三彩的窑场。而一般来说，三彩器往往就近在当地的一些瓷窑窑场中烧造。

二 耀州窑唐三彩的发现

20 世纪 80 年代初，铜川市电瓷厂工程师梁观登在窑址搜集到唐三彩标本。1985 年，陕西

图一二　唐三彩作坊遗址

图一三　唐代蹲狮坯件

省考古研究所在窑址发掘清理出唐三彩作坊和窑炉遗址[3]。

　　唐三彩窑址位于耀州窑遗址中心区，坐落在漆水河岸边。七座窑洞式作坊一字排开，结构合理，功能齐全（图一二）。除作坊顶部坍塌，其余建筑设施、生产工具、模具以及半成品均保存完好。作坊内遗存有拉坯成型的木制转轮痕迹，坐石、坩泥团、瓷缸、陶盆、匣钵以及狮模范和成型待烧的蹲狮（图一三）、执壶、灯盏、碗、盆等坯件摆放如初。三彩窑炉建在作坊的窑背上，窑室遗存有支烧具，放置坯件架板上的三彩釉滴历历在目，柴烧后的灰迹还遗留在落灰坑内。作坊门外发现了试烧三彩釉的小炉，炉内遗留有三彩釉滴和柴灰，这也是目前在国内古窑场发现最早的配制三彩釉料和试烧的实验场所。

　　发掘出土的三彩制品4000多件，种类丰富，用途广泛，既有生活用器，又有陪葬的冥器，还有建筑材料及琉璃建材。其中一件三彩龙首套兽不失为我国三彩建筑构件中的珍品（图版10）。它集贴、塑、雕、镂、刻、印、划等装饰手法于一体，生动地塑造了凸目、凝眉、挑吻、獠牙、飘须、含珠的龙首形象。龙首施棕、黄、绿三色彩釉，釉色斑驳亮丽。龙首长方形中空，后部两壁各有一个穿孔。该构件系安装在大型高级建筑仔角梁之上，既可防朽，又起到了装饰和宣示建筑等级的作用。它的发现，把以往唐三彩仅作为陪葬的冥器的功能扩大到建筑领域。我国建筑大师、陕西省建筑设计院总工程师张锦秋院士对其曾给予极高评价。她认为，这件精美、高等级的三彩建筑构件应该是在唐代宫殿建筑上使用，对中国建筑史研究具有重要的资料价值。

三　耀州窑唐三彩与其他三彩窑的异同

　　已公开发表的考古资料显示，目前我国已发现的唐三彩窑址有4处，即河南巩义（原名巩县）黄冶窑、陕西铜川黄堡耀州窑、河北内丘西关窑、陕西西安西郊唐长安城醴泉坊窑。

　　河南巩义黄冶窑烧造三彩大约在初唐[4]。窑址发现于1957年，是我国发现最早的一处唐三彩窑址[5]。故宫博物院、河南省文物考古工作者对窑址进行了多次调查和发掘，基本摸清了其烧造的时代和三彩制品的特征。三彩制品种类丰富，可分为生活用具、陶俑、模型和玩具等四类。生活用具数量最多。陶俑为大宗产品，分人物和动物俑。模型有轿车、庙堂等。玩具均为小件的人面埙、动物兽面等。三彩釉色主要有棕黄、黄、绿、深绿、白、蓝、赭、褐等。巩义县黄冶窑的三彩器物种类较黄堡窑丰富，大型三彩俑更为突出，而耀州窑中大型三彩俑少见。从两窑三彩器的胎质看，黄冶窑的三彩胎色较白，而黄堡窑的三彩胎质多为粉红色。从三彩釉效果来看，黄冶窑的三彩釉质浓厚，具有乳浊感；而耀州窑的三彩釉玻璃质感较强，透明度高。比较釉色，黄冶窑的三彩釉色丰富多彩，而耀州窑的三彩器多淡雅，未见钴蓝釉。耀州窑的三彩器制品中还出现了一批高温单彩赭色釉器物。

3　陕西省考古研究所：《唐代黄堡窑址》，文物出版社，1992年。

4　河南省文物考古研究所、独立行政法人文化财研究所奈良文化财研究所、郑州市文物考古研究所、巩义市博物馆：《巩义黄冶唐三彩》，大象出版社，2004年。

5　冯先铭：《河南巩义县古窑址调查记要》，《文物》1959年第3期。

河北内丘西关窑[6]也是唐代邢窑的主产地，以烧造白瓷而闻名。三彩制品为中唐时期，主要器形是三彩杯、炉、盘，未见俑类，釉色浓重暗淡。由于未经大面积发掘，出土器物十分有限，种类、釉色也不及耀州窑丰富。

西安机场窑所在范围即当年唐长安城的"醴泉坊"，在隋大兴、唐长安城中，窑址所在地属郭城街西的醴泉坊。开皇三年（583年）三月丙辰，隋文帝着常服冒雨迁入在汉长安城西南新建的大兴城，标志着这一规模巨大的城市正式投入使用。规划严整的大兴城在北中部宫城、皇城的东、西两侧及南侧修筑了109个坊以及东、西两市，醴泉坊便在其中。1998年6月，西郊机场施工在原机场跑道下挖出陶俑、陶马及三彩器残片。1999年3月，西北民航管理局在此处基建时又挖出上百片陶器、三彩器残片及模具残件。1999年5月上旬至7月，陕西省考古研究所对残存的遗址进行了抢救性清理发掘[7]，发掘面积140平方米，清理出唐代残窑4座，灰坑10个，三彩器、陶俑、窑具等万余件、片。与黄堡窑不同的是，西郊机场窑三彩陶胎主要用红泥作原料，少量的则用瓷土。三彩俑的种类比黄堡窑丰富，体量也有硕大的。黄堡窑的三彩不见钴蓝釉，而西郊机场窑三彩施钴蓝釉。西郊机场窑的三彩器主要供寺院和官府，用于其日常供祭和起居。

6 内丘县文物保管所：《河北省内丘县邢窑调查简报》，《文物》1987年第9期。

7 陕西省考古研究院：《唐长安醴泉坊三彩窑址》，文物出版社，2008年。

叁　耀州窑与宫廷的关系

从唐代开始，耀州窑已经和宫廷有着千丝万缕的联系。其中最典型的无疑是为皇宫烧制的三彩龙首套兽。这一时期的耀州窑还处于创烧阶段，自己的特色还没有形成。然而在晚唐、五代时期，青瓷已经逐渐成为了耀州窑的主打产品。以青瓷为主的刻花、划花、印花以及贴塑等工艺逐渐成熟，并广泛应用在青瓷器上。而五代青瓷中的天青釉，无疑又在这一时期为人瞩目。在青瓷器物上，还发现了一些在器底刻有"官"字款识的标本。这种器物的性质在学界引起广泛的关注。

北宋是耀州窑的鼎盛时期。此时的耀州窑瓷器刻花线条犀利，印花纹饰规矩，被誉为"北方青瓷的代表"，影响已到河南、重庆、湖南、两广等地区，形成了一个庞大的耀州窑系。北宋中期以来，耀州窑每年要挑选一定数量的精品上贡朝廷。这种传统一直延续到金代，而最典型的就是月白釉瓷器。

元代以后，伴随着地方经济的衰落，耀州窑已经失去了往日的辉煌。但在明代还仍然有着一个短暂的兴盛，这就是为明代的秦藩王烧造了一大批精美的琉璃建材。

一　五代"官"字款青瓷

20 世纪 70 年代初，铜川市电瓷厂工程师梁观登在耀州窑遗址首次捡到一件刻有"官"字款的五代青釉素面残碗底[8]。无独有偶，1985 年笔者在窑址也采集到一件五代"官"字款青釉素面碗底[9]。1986 年，陕西省考古研究所在铜川市第四中学基建随工清理中，发现和清理了五代文化层，出土了 12 件带"官"字款的青釉素面碗底[10]。同年 10 月，北京市文物局赵光林先生在窑址也采集到一件带"官"字款的青釉划花团菊纹碗底。2014 年，铜川市考古研究所在位于窑址的市纺织厂发掘时，出土了一件五代青釉"官"字款碗底标本[11]。若加上民间收藏，耀州窑青釉"官"字款标本已多达 30 余件（图一四）。

黄堡窑烧造的五代"官"字款青瓷以往鲜为人知。窑址采集和出土的"官"字款青瓷器

8　耀州窑博物馆：《陕西铜川黄堡耀州窑遗址发现"官"款青瓷》，《考古》1989 年第 1 期

9　同 8

10　陕西省考古研究所：《五代黄堡窑址》，文物出版社，1997 年

11　铜川市考古研究所：《漆沮遗珍》，三秦出版社，2015 年

图一四　五代青釉"官"字款标本

形均为碗，圈足旋挖规整，足壁薄厚适当，修削光滑，胎色灰黑，满釉裹足烧，足跟三托珠。釉色灰青，釉汁均匀纯净，釉面莹润，玻璃质感强，有细碎开片。"官"字均在焙烧前刻在圈足内，字体工整，制作精细，不失为高档产品。

　　"官"字款瓷器在我国南、北方地区的墓葬、窖藏、遗址中均有出土，如北票水泉一号辽墓、法库叶茂台辽墓、建平硃碌科辽墓、北票扣卜营子辽墓、巴林左旗太平庄辽墓、赤峰大窝铺辽墓、义县邵家屯辽墓、定县卢庄子墓、定县电力局窖藏、长沙黄泥坑墓、曲阳定窑遗址、赤峰缸瓦窑村辽瓷窑址、临安钱宽墓、西安北郊火烧壁等[12]。据资料介绍，埃及福斯塔特遗址、蒙古喀喇哈林城亦有出土。不少国家的博物馆和私人藏家，也收藏有"官"字款瓷器。这些"官"字款瓷器的时代多属晚唐到五代时期。墓葬出土多，窑址出土少，且白瓷占绝大多数。窑址出土的仅有曲阳定窑遗址和赤峰缸瓦村辽瓷窑址，"官"字款青瓷仅在浙江临安板桥五代墓中出过一件青釉双系罐[13]。

　　五代黄堡窑址出土的"官"字款青瓷，在我国北方窑址中系首次发现。它不仅为研究"官"字款瓷器增添了实物资料，而且充分证明了该窑在五代时期就和皇室有着密切的关系，以及在历史上的重要地位。

　　对于"官"字款瓷器性质问题的认识，20世纪50年代金毓黻先生最早提出，"凡有'官'字的白色瓷器并包括其他白色瓷器在内，都是辽国官窑出品"[14]。20世纪80年代，冯永谦先生又提出，"官窑瓷器，是宫廷占有的某个窑场或是某个窑场中的部分窑生产的瓷器。这些专为宫廷使用的器物，要求胎釉质量好，造型、纹饰和烧成等技工窑艺水平高，与一般瓷器有所不同；在烧制过程中，制瓷工人在器底上划一'官'字标志，以示区别，于是出现了'官'或'新官'字款的官窑器物"[15]。牟永抗、任世龙先生在《"官"、"哥"简论》中指出："在入窑前于制品

12　冯永谦：《"官"和"新官"字款瓷器之研究》，《中国古代窑址调查发掘报告集》，文物出版社，1984年。

13　浙江省文物管理委员会：《浙江临安板桥的五代墓》，《文物》1975年第8期。

14　金毓黻：《略论近期出土的辽国历史文物》，《考古通讯》1956年第4期。

15　同12。

器表做‘官’或‘新官’的标记，非但不标明制品的‘官窑’性质，倒更像是与‘置官监窑’相似的一种组织措施。从而进一步证明，这使得窑业未曾为宫廷直接垄断，与禁廷‘自制窑烧造’时期的官窑是不宜相提并论的。我们认为，把它看做是宋代官窑出现以前的‘前官窑’或许更为合乎情理。"[16]《五代黄堡窑址》中将"关于瓷器上‘官’字款识的涵义"列为"官窑"、"贡瓷"、"属于国家或政府的东西"[17]。《中国陶瓷史》将包括"官"字款瓷器在内的十五种瓷器题款归为"与宫廷有关"[18]。

我国历史上有皇室设窑的记载，自五代时起，历两宋直至明清。南宋顾文荐《负暄杂录》中说："宣政间京师自制窑烧造，名曰官窑。"官窑为宫廷专门设置，宫廷派有专职官员负责监管，所生产瓷器式样由宫廷设计下发，烧造的产品为宫廷御用，失去商品性质，不得外传。

五代黄堡窑在唐代陶瓷工艺的基础上有新的发展，形成了以青釉产品为主的特点。产品釉色滋润，器形多样，划花和减地剔花装饰工艺成为时代特征。装烧采用当时最先进的托珠支烧和在器外底心支钉烧的一器一钵的方法，已超过在唐、五代首屈一指的越窑以泥条支烧的落后方法。五代黄堡窑场的青瓷制烧工艺，在当时南北各地窑场中最为突出，它的青瓷产品被作为贡瓷也是当之无愧的。

五代的历史，纷扰割据。唐王朝灭亡后，封建统治中心东移，开封、洛阳先后有 14 个皇帝建都，中原成了群雄逐鹿之地。作为重要手工业之一的陶瓷生产，在河南有着悠久的历史，唐代巩县的三彩和白瓷享有盛名，曾向长安皇室进贡。到了五代，社会动荡、经济不振冲击着制瓷业，这里已失去烧造贡御瓷的社会基础和资源条件。

黄堡窑场地处关中北部，居陕北黄土高原南缘，北有金锁雄关做屏障，东、南借黄河、渭水为天堑，很少受到战事的波及。关中盆地、渭北高原土地肥沃气候适宜，有天然粮仓之称，为陶瓷业的发展提供了物质保证。黄堡"附于山树，青峰四回，渌水傍泻，草木奇怪"，蕴藏有丰富的瓷土和燃料资源，五代黄堡窑正是在这些有利的条件下，继承了唐代的制瓷工艺，又将其发展到了一个新的历史阶段。

耀州窑烧造贡瓷的历史，《宋史·地理志》有耀州"贡瓷器"的记载；宋《元丰九域志》也记载"耀州华原郡土贡瓷器五十事"。根据两书成书时间及记载的有关内容，贡瓷的时间在北宋神宗元丰年间至徽宗崇宁时期。黄堡窑址发现的五代"官"字款青瓷，将耀州窑烧造贡御瓷器的时间向前推了一个多世纪，补充了史书记载的不足，从而佐证了耀州窑早在五代就同南方越窑一样，供奉中原统治者。

二　"柴窑"问题

柴窑是五代后周世宗柴荣的御窑，专为其烧造御用瓷器，烧造的瓷器釉色多为天青色。

16　牟永抗、任世龙：《"官"、"哥"简论》，《湖南考古辑刊》第 3 集，岳麓书社，1987 年。

17　陕西省考古研究所：《五代黄堡窑址》，文物出版社，1997 年。

18　中国硅酸盐学会：《中国陶瓷史》，文物出版社，1982 年，第 234 页。

由于传世品极少且窑址一直未找到，成为中国古代名窑中的一大悬案。

从目前的资料看，最早记载柴窑的文献是明洪武二十年（1387 年）曹昭著《格古要论》。其卷下"古窑器论"之"柴窑"条曰："出北地。世传柴世宗时烧者，故谓之'柴窑'。天青色，滋润细媚，有细纹，多足粗黄土，近世少见。"

到明代中期，王佐对曹昭《格古要论》进行了增补，章次也有所变更，取名为《新增格古要论》，全书共十三卷。书中论述柴窑，对曹昭洪武版的内容有所增改："柴窑器出北地河南郑州。世传周世宗姓柴氏时所烧者，故谓之柴窑。天青色，滋润细腻，有细纹，多是粗黄土足，近世少见。"（"多足粗黄土"，清乾隆间成书的《陶说》引《夷门广牍》作"足多粗黄土"）

1. 问题的提出

20 世纪 80 年代，黄堡耀州窑遗址的考古发掘找到了五代文化层，并且出土了与柴窑密切关联的天青瓷。主持窑址发掘的杜葆仁、禚振西夫妇认为，这里极有可能就是千古之谜——柴窑的遗迹。1985 年，禚振西先生在中国古陶瓷研究会郑州年会上，首次提出在黄堡窑址发掘出土的天青瓷与柴窑有关的观点 [19]。

曹昭《格古要论》对柴器特征"天青色，滋润细媚，有细纹，多足黄粗土"的描写，与五代耀州窑天青瓷的特征基本吻合；"柴窑出北地"，耀州窑所在地黄堡镇恰在古北地的范围内。唐李吉甫《元和郡县志》有"汉役祤县，地属左冯翊，曹魏与其地置北地郡"。明嘉靖三十六年（1557 年）乔世宁著《耀州志》载："自魏文帝始，徙北地于役祤，故自汉以前言北地、富平、泥阳者不书，书自魏始。"铜川药王山古属耀州辖，山上搜集保管了县境出土的北朝以来的造像碑百余通，其中记载"北地"、"北地郡"的北魏石刻多达十八通。

如北魏始光元年（424 年）《魏文朗佛道造像碑》记有"北地郡三原县民"；北魏太和二十年（496 年）《姚伯多道教造像碑》记有"前君临万国，迁民北地"；北魏景明元年（500 年）《杨缦黑道教造像碑》记有"北地郡富平县杨缦黑为父造石像一区"发愿文；北魏正光五年（524 年）《仇臣生造像碑》有"雍州北地三原县仇臣生……造石像一区"的记载等。

北地郡包括当时的三原、富平、耀县（华原）、同官等地。

2. 耀州窑遗址发掘的五代遗址和青瓷

1973 年，陕西省文物管理委员会和铜川市文化馆在黄堡耀州窑遗址配合基建工程的发掘中首次出土了五代青瓷 [20]。随后在玉华瓷窑遗址的发掘中，也同样出土了与黄堡窑址相同的五

19　禚振西：《汝窑、柴窑与耀州窑的几个问题》，紫禁城出版社，1987 年。

20　禚振西、卢建国：《耀州窑遗址调查发掘的新收获》，《考古与文物》1980 年第 3 期。

图一五　五代制瓷作坊遗址

代青瓷[21]。出土的器物标本都是碗、盘类，共同特点是青釉呈色稳定，玻璃质感强，通体施化妆土。器物用单线刻划植物、水波纹装饰；胎色铁灰，质坚密；内外施满釉，底足裹釉；单件匣钵装烧，器外圈足内有三个支烧痕或足跟留有支垫的托珠。

　　20世纪80年代初，耀州窑博物馆在黄堡窑址采集、整理了一批陶瓷标本，其中就有五代青瓷，典型器物有青釉印花莲瓣纹盏托、青釉划花菊瓣纹粉盒、青釉贴花摩羯纹小盏等[22]。

　　1985年，陕西省考古研究所在铜川市第四中学校内、窑神庙旧址北侧发掘了五代文化层[23]，清理出五代制瓷作坊4座、柴烧瓷器窑炉7座、灰坑18个等遗迹，出土了12件刻有"官"字款识的青瓷碗底标本[24]；1998年，在铜（铜川）黄（黄陵）一级公路施工的发掘中，又清理发现了5座制瓷作坊[25]，其中一座作坊内遗存有成摞的漏斗形匣钵（图一五），还出土了五代的碗、盘等青瓷，装饰以划花、刻花为主。

3. 唐、五代、辽墓出土的耀州窑青瓷器

　　1949年以来，在北京、河北、陕西、河南、内蒙古等地的墓葬中发掘出土了不少瓷器，以内蒙古辽墓数量最多，其中不乏五代耀州窑的青瓷。根据公开发表的资料和不完全统计，现分述于后。

21　禚振西：《耀州窑唐五代陶瓷概论》，《考古与文物》1988年第5、6期。

22　薛东星、仁超、刘本奇：《耀州窑遗址在基建中的新发现》，《考古与文物》1987年第5期。

23　陕西省考古研究所：《五代黄堡窑址》，文物出版社，1997年。

24　同23。

25　邢福来：《五代黄堡窑考古发掘工作回顾》，《千年之谜"柴窑"》，内部交流。

（1）唐郑仁泰墓[26]

位于陕西礼泉唐太宗陵园内，1971年发掘，历史上曾被盗掘过。郑仁泰卒于龙朔三年（663年）十一月，次年下葬。该墓出土1件耀州窑青瓷敞口碗，与五代黄堡窑址（见《五代黄堡窑址》，以下均同）出土的E型VZ式碗相同。

（2）彬县五代后周冯晖墓[27]

位于陕西彬县底店乡前家嘴村的冯家沟山林中，1992年发掘。冯晖是后周的重臣，任"检校太师兼中书令"，封"陈留郡王"，死后赠"卫王"。墓志记载"显德五年日卜葬于邠州"，"显德五年"（958年）即柴世宗"周主五年"。该墓出土五代耀州窑青瓷6件，其中青釉器盖1件，青釉盏托2套4件。出土的青釉器盖与五代黄堡窑址出土的A型壶盖相同，青釉盏与五代黄堡窑址出土的D型Ⅰ式及Ⅱ式接近，盏托与五代黄堡窑址出土的B型造型相同，青釉温碗与五代黄堡窑址出土的B型Ⅰ式温碗近似。

（3）洛阳后周墓[28]

位于洛阳铁路分局指挥部住宅南楼基建工地，1992年9月发掘。简报将这座墓葬的埋葬时间定在"后周显德二年（955年）九月至显德七年（960年）之间"。该墓出土五代耀州窑青瓷4件和数百枚"周元通宝"，钱币的铸造时间为后周世宗柴荣显德二年九月。该墓与彬县冯晖墓的时代相近，其中出土青釉执壶（注子）1件，青釉盏托1套2件，青釉敞口五曲葵口盏1件。青釉执壶与五代黄堡窑址出土的B型Ⅰ式壶相同，青釉盏托与五代黄堡窑址出土的B型Ⅱ式托相同，青釉盏与五代黄堡窑址出土的D型Ⅱ式盏相同。

（4）辽宁锦州市张杠村辽墓[29]

位于锦州市锦县沈家台公社张杠村，1960年发掘。根据墓的形制、葬具和出土器物，特别是出土了"唐国通宝"铜钱分析判断，"其年代属于辽代早期，相当中原五代时期"，"墓主人身前可能是一位品级较高的上层人物"。该墓出土了1件五代耀州窑青釉直口小杯，与五代黄堡窑址出土的C型Ⅱ式杯相同。

（5）辽宁北票水泉一号辽墓[30]

位于辽宁北票县北四家子公社水泉大队，1971年发掘。简报将此墓年代定为"辽代早期的墓葬"，并推断墓主人"是一个富有者或高级官僚，即契丹贵族"。该墓出土1件罕见的五代耀州窑天青釉龙鱼形水盂。整器为一中空的龙鱼身，两侧鱼翅层层张开，鱼尾上卷、卷唇扬尾，俯面塑贴两圆眼，勾形角，近方形孔，尾和翅周边装饰圆水珠，施淡天青釉，胎色发白。五代黄堡窑址虽然未见有出土此类造型器，但釉色、胎质、装饰手法与其极为接近。此类龙鱼纹饰图案也与窑址出土的B型Ⅳ式盏中的游鱼纹作法十分接近。

26 陕西省博物馆、礼泉县文教局唐墓组：《唐郑仁泰墓发掘简报》，《文物》1972年第7期。

27 咸阳市文物考古研究所：《五代冯晖墓》，重庆出版社，2001年。

28 洛阳市文物工作队：《洛阳发现一座后周墓》，《文物》1995年第8期。

29 刘谦：《辽宁锦州市张杠村辽墓发掘报告》，《考古》1984年第11期。

30 辽宁省博物馆文物队：《辽宁北票水泉一号辽墓发掘简报》，《文物》1977年第12期。

（6）河北平泉县小吉沟辽墓[31]

位于河北平泉县台头山公社小吉沟西山坡，1977 年发掘。根据墓室形制"依然存留辽代早期墓葬形制的特点"判断，此墓年代"其上限约与叶茂台墓的下限（986 年）接近，而下限不会晚于辽圣宗太平年间（1021 ~ 1031 年）"。该墓出土五代耀州窑青瓷 5 件，其中青釉执壶（注壶）1 件，青釉盏托 1 件，青釉敛口碗 3 件。该墓出土的青釉执壶与五代黄堡窑址出土的 B 型 II 式执壶相同，青釉盏托与五代黄堡窑址出土的 B 型 IV 式盏托相同，青釉碗与五代黄堡窑址出土的 C 型 I 式碗相同。

（7）河南禹州方岗第三电厂、巩义北窑湾两座墓葬

2014 年，中国古陶瓷学会、耀州窑博物馆组织部分专家考察耀州窑五代青瓷，研讨其与柴窑的关系。在河南省考古研究院看到的两座墓葬出土五代耀州窑青瓷，禹州方岗第三电厂墓出土 2 件青瓷碗，同墓伴出铜钱"周元通宝"；巩义北窑湾墓出土 1 件青釉敛口贴塑飞鸟纹小碗。该墓出土的 2 件青釉小盏与五代黄堡窑址出土的 B 型 IV 式盏相同，只不过其中 1 件盏内无飞鸟贴饰。

（8）辽韩佚墓[32]

位于北京八宝山革命公墓内，1981 年 6 月发掘，韩佚死于统和十三年（995 年），葬于统和十五年（997 年），属辽早期。该墓出土青瓷碗 2 件，其中青釉碗与五代黄堡窑址出土的 B 型 I 式碗相同。

（9）内蒙古通辽县二林场辽墓[33]

位于内蒙古通辽县第二机械林场西南部的沙丘，1978 年 8 月发掘。该墓出土了 3 件五代耀州窑青釉小碗。简报将此墓年代定在"圣宗前期"（984 ~ 1031 年）。该墓出土的青釉碗与五代黄堡窑址出土的 A 型 II 式碗相同。

（10）巴林右旗床金沟 5 号辽墓[34]

位于内蒙古赤峰市巴林右旗岗根苏木床金沟，1991 年 4 ~ 9 月发掘。床金沟辽墓是辽太宗耶律德光（946 ~ 969 年）的怀陵。该墓出土 3 件五代耀州窑天青瓷，其中天青釉剔花葫芦形制壶 2 件，1 件可复原，另 1 件仅残存壶颈和流，天青釉托盘 2 件。简报将此墓时间定在"辽代中期偏早，最晚到辽圣宗统和（984 年）之前"，"墓主人有可能是皇室的一位嫔妃"。该墓出土的 2 件天青釉盏托与五代黄堡窑址出土的 B 型 I 式、B 型 IV 式盏托相同，天青釉葫芦形执壶的釉色、剔花装饰以及施釉、装烧方法均同于五代黄堡窑。

（11）北京顺义安辛辽墓[35]

位于北京顺义县木林乡安辛庄，1989 年 12 月发掘。该墓出土了青釉注壶 1 套、青釉盏托 1 套。该墓出土的青釉注壶与五代黄堡窑址出土的 B 型 I 式执壶相同，青釉注碗与五代黄堡窑

31　平泉县文保所、承德地区文化局：《河北平泉县小吉沟辽墓》，《文物》1982 年第 7 期。

32　北京市文物工作队：《辽韩佚墓发掘报告》，《考古学报》1984 年第 3 期。

33　张伯忠：《内蒙古通辽县二林场辽墓》，《文物》1985 年第 3 期。

34　内蒙古文物考古研究所：《巴林右旗床金沟 5 号辽墓发掘简报》，《文物》2002 年第 3 期。

35　北京市文物研究所、顺义县文物管理所：《北京顺义安辛庄辽墓发掘简报》，《文物》1992 年第 6 期。

址出土的 B 型 I 式注碗相同，青釉盏托与五代黄堡窑址出土的 B 型 III 型托相同，青釉盏与五代黄堡窑址出土的 E 型 III 型盏相同。

（12）内蒙古科右前旗白辛屯辽墓[36]

位于内蒙古呼伦贝尔盟乌兰浩特市西白辛屯村，1962 年春当地村民发现。墓里出土 6 件耀州窑青瓷碗，简报没有判定该墓的年代，只认为是辽墓。该墓出土的青釉花口碗与五代黄堡窑址出土的 I 型 V 式碗相同。

（13）辽陈国公主墓[37]

陈国公主与驸马合葬墓，开泰七年（1018 年），位于内蒙古哲里木盟奈曼旗青龙山镇，1986 年发掘。该墓出土了 8 件耀州窑青瓷碗，其中敞口碗 3 件、花口碗 5 件。该墓出土的青釉碗与五代黄堡窑址出土的 B 型 III 式碗相同，青釉花口碗与五代黄堡窑址出土的 E 型 II 式花口碗相同。

（14）内蒙古扎鲁特旗浩特花辽代壁画墓[38]

位于内蒙古通辽扎鲁特旗南部，1999 年 4 月发掘。简报认为"可以初步推定此墓的年代应属于辽代中期，可能为辽圣宗（984 年）时期"。该墓出土了 2 件耀州窑青瓷碗，1 件圆唇作五出花形；另 1 件敞口，器壁有出筋。该墓出土的青釉碗与五代黄堡窑址出土的 G 型 III 式碗相同，青釉花口碗与五代黄堡窑址出土的 A 型 II 式花口碗相同。

（15）河北定州静志寺塔基[39]

该塔修建年代为北宋太平兴国二年（977 年）。河北省定县博物馆在定州静志寺塔基地宫清理出瓷器 100 多件，其中有五代耀州窑青瓷器 3 件：青釉瓜棱腹长颈瓶 1 件，青釉六曲花口盘 1 件，青釉刻花贴龟纹碗 1 件。长颈瓶与五代黄堡窑址出土的 A 型 II 式长颈瓶相似、六曲花口盘与五代黄堡窑址出土的 E 型 III 式盘相同、刻花贴龟碗与五代黄堡窑址出土的 B 型 III 式碗相同。

4. 西安老城区改造及山西、河南等地出土的五代耀州窑青瓷

（1）西安老城区出土的五代耀州窑青瓷

20 世纪 90 年代，在西安老城区西大街、南大街改造工程中出土了一批耀州窑瓷器，其中有不少五代青瓷。这些瓷器制作规整，釉面如新，质量上乘，与窑址出土标本有明显区别。

西安出土的五代耀州窑青瓷可分黑胎、白胎两类，其中黑胎占大多数。黑胎的器形有碗、盘、杯、瓶、罐、壶、灯、盆、人形壶、温碗、盏托等；装饰主要以划花为主，题材主要有植物、花卉、水波、几何；釉色以灰青为主，兼有淡青、少量的天青；胎质坚密，胎色又有深黑、灰黑两种。白胎的器型有碗、盘、碟、杯、瓶、壶、烛台、人形壶、盏托、温碗等；

36 潘行荣：《内蒙古科右前旗白辛屯古墓古城的调查》，《考古》1965 年第 7 期。

37 内蒙古自治区文物考古研究所、哲里木盟博物馆：《辽陈国公主墓》，文物出版社，1993 年。

38 中国社会科学院考古研究所内蒙古工作队、内蒙古文物考古研究所：《内蒙古扎鲁特旗浩特花辽壁画墓》，《考古》2003 年第 1 期。

39 定县博物馆：《河北定县发现两座宋代塔基》，《文物》1972 年第 8 期。

装饰有印花、划花、刻花、剔花、镂孔、捏塑；题材有植物、花卉、水波、动物、力士，尤以执壶上的减地剔花最具特色；釉色有粉青、淡天青、天青；胎色发白，胎质疏松。西安民间收藏五代耀州窑天青瓷最多的是"西安柴窑博物馆"，完整器、标本种类极为丰富，可以反映出西安出土五代耀州窑天青瓷的概貌。

（2）郑州老城区出土的五代耀州窑青瓷

郑州民间收藏家靳勤俭在老城区改造中搜集了大量的古瓷，五代耀州窑青瓷典型器有灰青釉划花大碗，划花，黑胎，满釉裹足，足内留有三个支烧痕；淡天青釉小碗，曲口，满釉，足跟满砂支烧；灰黑胎碗残片；淡天青釉雕花执壶残底，白胎，足跟擦釉。

洛阳市博物馆陶瓷馆除陈列有五代后周墓出土的五代耀州窑青瓷外，还有 2 件五代耀州窑灰青釉五出葵口碗。

（3）山西出土的五代耀州窑青瓷

蒲津渡是黄河上的重要渡口，位于山西古蒲州，历来是陕西通往山西的重要交通要道。作为关中的侧门，位居潼关背后，历史学家严耕望称其为"河东、河北陆道入关中之第一锁钥"。唐代大诗人皮日休曾用"蹄响如雨、车音如雷"，形容蒲津渡的繁忙景象。蒲津渡遗址土了不少耀州窑瓷器标本，其中五代青瓷大部分是灰青釉，黑胎，碗盘类，满釉裹足；有外底圈足内带三个支烧痕的，还有足跟三托珠支烧的、足跟满砂支烧的青瓷，白胎的极少。此外，运城、临汾、太原也出土有耀州窑五代的青瓷。由此可见，耀州窑在唐、五代、两宋时期生产的瓷器向北输出需经过蒲津渡，走运城、临汾上太原再继续向北。

5. 对五代耀州窑青瓷的初步认识

（1）关于五代青瓷的分期

《五代黄堡窑址》在科学判断地层关系时指出："五代黄堡窑址堆积层压在唐代文化层上面，又被宋代文化层叠压，器物造型、工艺等不同于唐代，又有别于宋代，具有自己的特色。"目前，学界对黄堡遗址发掘的五代文化层和出土青瓷的断代有不同的观点。其主要根据多来源于辽墓的出土资料。

已发表的考古资料有明确纪年的陕西彬县后周冯晖墓，河南洛阳后周墓、禹州方岗电厂后周墓出土的耀州窑青瓷，都与《五代黄堡窑址》一书中的出土器物相吻合。耀州窑遗址出土的五代青釉葵口六出碗，明显有唐郑仁泰墓出土的灰青釉葵口碗的遗风，说明了时代的承袭关系。辽宁锦州市张杠村辽墓发掘报告确认为五代时期，出土的耀州窑青瓷也与《五代黄堡窑址》出土器物相吻合。内蒙古巴林右旗床金沟 5 号辽怀陵出土的五代耀州窑天青瓷，极有可能是皇帝生前的使用品。而辽宁北票水泉 1 号辽墓，河北平泉县小吉沟辽墓、辽韩佚墓，内蒙古通辽县二林场辽墓、科右前旗白辛屯古墓、扎鲁特旗浩特花辽墓、辽陈国公主墓、北京顺义安辛庄辽墓等的时代都是在辽圣宗时期，即北宋早期。这些墓葬出土的五代耀州窑青瓷以及河北定州静志寺塔基地宫出土的青釉长颈瓜棱瓶、青釉六曲花口盘、青釉刻花贴塑龟纹碗亦可与《五代黄堡窑址》一书中的出土器物相吻合。晚期墓葬埋放早期的东西已是不争的事实，那么这些早期辽墓（北宋早期）出土的耀州窑青瓷的产地问题也就不难解决了。

（2）贡窑问题

《周礼·天官·太宰》记："'五月赋·贡。'德明释文：'赋，上之所求于下；贡，下之所纳于上'。"《晋书·武帝纪》泰始六年："大宛献汗血马，焉耆来贡方物。"贡窑名称的出现始见于唐代。1977年，浙江上林湖吴家溪出土一件唐光启三年（887年）凌倜青瓷墓志罐，志文中有"中和五年岁在乙巳三月五日，终于明州慈溪县上林乡……光启三年在丁未二月五日，殡于当保贡窑之北山"[40]。参看其他此时期文献，亦有诸多关于越窑、邢窑、巩县窑等"陶成先得贡吾君"的记载。贡窑的性质仍然是民窑，起始之时是作为"方物"供奉给朝廷的。其产品样式多取决于生产者或进贡者的意愿。据《旧五代史·周书·太宗纪第三》载，后周广顺二年（952年）"诏：'诸州罢任或朝觐，并不得以器械进贡。'先是，诸道州府，各有作院，每月课造军器，逐季搬送京师进纳。其诸州每年占留系省钱帛不少，谓之'甲科'，仍更于部内广配土产物，征敛数倍，民甚苦之。"可知各州都曾进贡土特产，这其中必有瓷器在内。

贡窑植根于民窑之中，其产品从选料、制泥、成型、装饰、施釉、烧成等多个环节都要精益求精。为了与一般民品加以区别，烧成前还要在器坯或底部刻上"官"字以示为官府上贡，或是"禁廷制样需索"之物。为加强对贡窑的管理，官府还设监经管，并由朝廷发样定货。1984年上林湖窑场发现一件青釉卧足餐盘，其上刻"上林窑自……年之内一窑之民值于监……交代窑民……"[41]，说明此窑亦有监窑官。贡窑生产产品并非全部上贡，而是根据上贡任务进行限量生产，其余产品则仍旧面向市场。在皇室专属范围以外发现类似的贡瓷，就是如此缘故。

耀州窑遗址发现的五代刻有"官"字款的青瓷标本已达30件之多，此类青瓷釉色系灰青，上化妆土，胎质坚密色灰黑，圈足旋削得十分规整，裹釉支烧，足跟留有精细的石英砂托珠，施釉后入窑前在足外底刻工整的"官"字款。禚振西先生将此类裹釉三托珠支烧的器物，归到五代前期。按此说法，五代前期黄堡耀州窑已经在给皇室贡瓷，成为贡窑了。

（3）柴窑问题

五代时期，战火不断，政权更替频繁，经济破坏严重。在分裂割据的状态下，各政权统治者为了求得生存，一切服从战事，往往来不及建立庞大的官府手工业作场以满足自己的奢

40 浙江省博物馆：《浙江纪年瓷》，文物出版社，2000年。

41 慈溪市博物馆：《上林湖越窑》，科学出版社，2002年。

求。因此官营陶瓷业就整体局面和整个时期而言，处于低落阶段。但在某一特定朝代的特定地方，如后周时期环境相对平和安定的黄堡窑，统治者采取了加大扶持陶瓷产业的措施，生产出高档瓷品。据说，当瓷窑建成后工匠向周世宗请示款式和釉色，时值雨过天晴，世宗灵机一动曰："雨过天青云破处，这般颜色做将来"。匠师们经过苦心探索、精心制作，终于烧出了"青如天、明如镜、薄如纸、声如磬"的不朽佳作——天青瓷。

耀州窑遗址出土的少量白胎五代天青釉瓷，其中执壶多减地剔花装饰，碗盏类多曲口多折，内有贴饰飞鸟、小龟，以及葵口盏托等器物施满釉后足跟擦釉、色呈赭色等特点，禚振西先生将其归到五代晚期，即后周柴世宗时期。如此，曹昭《格古要论》中的"柴窑"，"出北地。世传柴世宗时烧者，故谓之'柴窑'。天青色，滋润细媚，有细纹，多足粗黄土，近世少见"，可以和五代黄堡窑烧制的天青瓷互相印证了。辽怀陵、辽早期贵族墓葬出土的青瓷与黄堡窑址出土的五代青瓷十分吻合，从一个侧面反映了中原统治者与契丹贵族之间在政治、经济、文化方面的密切关系。10世纪以来，契丹王朝经常派铁骑南下至中原地区劫掠，《辽史·世宗纪》云："天禄四年冬十月，自将南伐，攻下安平、内丘、束鹿等城。"在辽军的战利品中，自然少不了大量的瓷器。中原政权为了求和，也向契丹王朝贡献方物，其中就有契丹统治者喜爱的精美耀州窑天青瓷。耿宝昌先生指出："一百年来，不见宋墓出土此类天青瓷，均见辽墓出土，萧太后墓也出。要说柴窑，只有耀州窑最贴切，别的都不贴边。"

（4）行销流布问题

综上所述，五代耀州窑青瓷也曾沿着古丝绸之路，东到山西、河南、河北，北到内蒙古、黑龙江、俄罗斯等地，西到甘肃、宁夏、新疆等地。五代虽历史短暂，但黄堡窑的生产规模已较唐代明显扩大，又有了较大发展。除在漆水河西岸一带集中生产，还发展到河对岸。烧造出的青瓷产品深受上层社会和市场的青睐，行销流布甚广。陆路向东从蒲津渡过黄河到山西，再到河南。向北有两条路线。一条路线从同官过金锁关往北过延安到统万城，统万城曾经是丝绸之路来往南北的中转站。据陕西省考古研究院邢福来先生介绍，统万城遗址地表散露有耀州窑的瓷器残片，在发掘中也出土不少耀州窑唐、五代、宋时期的瓷器。据此可知，统万城历史上曾经也是耀州窑瓷器重要的集散地和经内蒙继续往北输出之地。另一条路线从蒲津渡过黄河走运城、临汾到太原后继续北上到内蒙古当时的辽国，或到河北、黑龙江。铜川药王山金大定二十三年（1183年）《耀州吕公先生之记》碑记载："大定癸巳……是岁冬。耀州使牛安贡瓷器至滹沱河南路。"滹沱河发源山西流入河北，牛安国去中都进贡瓷器走的就是这条线。向西到甘肃、西北到宁夏，也是丝绸之路上的必经之路。古长安是耀瓷产品最大的集散地，20世纪90年代西安老城区出土大量的耀州窑青瓷，证明了这里曾是耀州窑产品的集散地和贸易中心。西安是历史上13个王朝建都之地，有四通八达的公路网和水上漕运交通，是著名的丝绸之路起点。地处黄堡镇的耀州窑曾是大唐的京畿之地，距长安城不过百十里路，耀州窑生产的大批瓷品曾被源源不断地运送到长安，在这里贸易或批发行销到全国各地。洛阳、郑州、临汾等古城出土的五代耀州窑青瓷，说明了这些地方也曾经是集散和贸易之地。而那些汉族官僚、契丹贵族墓葬和其他遗址出土的与柴窑有关系的天青瓷，极有可能是统治者奖励有功之臣的赐赏品。

三　北宋贡瓷

耀州窑贡瓷的历史，最早见于宋《元丰九域志》卷三"耀州华原郡土贡瓷器五十事"的记载。这是北宋中期神宗熙宁至元丰年间（1068～1085年）耀州向宫廷贡瓷的佐证。北宋正史中也有耀州向宫廷贡瓷的记载。《宋史·地理志三》载："耀州，紧，华原郡。开宝五年，为感义军节度。太平兴国初，改感德军。崇宁户一十万二千六百六十七，口三十四万七千五百三十五。贡瓷器。"但宋代耀州向宫廷贡瓷的史实，缺乏实物证据。1953年，北京广安门外基建工地出土了一批瓷器，故宫博物院的工作人员闻讯赶到，采集了300多件瓷片，经冯先铭先生鉴定，认为是"黄堡镇耀州窑所烧贡瓷"[42]。

1959年、1984年，陕西省考古研究所在黄堡耀州窑遗址发掘中，出土了与北京广安门出土瓷器相同的龙凤纹青瓷标本[43]。耀州窑遗址出土的实物资料，进一步印证了广安门贡瓷的烧造地。这两次发掘还出土了宋代"龙"字款和"熙宁"、"大观"、"政和"年款的青瓷小盏标本。"熙宁"是北宋皇帝神宗的年号，"大观"、"政和"是北宋徽宗皇帝的年号。这种带北宋皇帝年号的青瓷小盏，无疑是给北宋皇室专门设计和烧制的贡瓷。这种斗笠型小盏造型小巧别致，喇叭状大敞口，斜腹小底小圈足。盏内印饰凤衔牡丹，怒放的牡丹花花蕊上有长方形框，框内楷书年号。宋代在瓷器上印饰皇帝年号的作法，在其他窑口还不多见。到了明清，景德镇官窑才开启了在瓷器上书写皇帝年号的定制。

四　金代贡瓷

金代耀州窑的制瓷业，在承袭宋代瓷业的基础上继续提高发展，不但民间广泛使用，而且宫廷、官府、显贵以及寺观等亦多使用。据考古发掘和调查证实，金代耀州窑青瓷不但在陕西境内多有出土，在黑龙江、吉林、辽宁、内蒙古、北京、河北、山西、甘肃、宁夏等地的许多墓葬和遗址中亦有出土。

金人攻占中原后，各地名窑仍然给金统治者烧造御用瓷器。《大金集礼》卷九"公主"条记载："天眷二年奏定公主礼物。依惠妃公主例，外，成造衣袄器用等物……定磁一千事。"可见公主的嫁妆里就有瓷器。

42　中国硅酸盐学会：《中国陶瓷史》，文物出版社，1982年，第255页。

43　陕西省考古研究所、耀州窑博物馆：《宋代耀州窑址》，文物出版社，1998年。

44　《耀州吕公先生之记》碑
　　中记载耀州贡瓷器事,
　　最早专曹永彬发现,刊
　　于曹氏所编著《药王山
　　石刻重拓纪略》下册第
　　35页,1982年油印本
　　其后黄卫平《关于耀州
　　窑金代贡瓷》一文,专
　　就金代耀州窑贡瓷器一
　　事详细论述,见耀州窑
　　博物馆编:《中国耀州窑
　　国际学术讨论会文集》,
　　三秦出版社,2005年。

45　孙承泽:《天府广记》卷
　　二一《工部》。

图一六　明代龙纹琉璃滴水（立地坡秦王府琉璃厂）

　　金代耀州窑是否继续烧制贡瓷,由于缺乏文献资料一直无定论。而现存药王山大定
二十三年（1183 年）《耀州吕公先生之记》石碑的发现,最终解决了这个问题。此碑明确记载:
大定癸巳（大定十三年,1173 年）冬耀州曾派专使牛安前往京城中都（今北京市）进贡
瓷器[44]。

五　明代秦王府琉璃厂

　　明代是官营手工业高度发展时期,其高度的专制集权,为官营陶瓷业的发展提供了政治
保障。明代官营手工业的主管机构为工部和内廷各监局,其下设营缮、虞衡、都水、屯田四
个清吏司,直接掌管和监督所属官府手工业。营缮清吏司"掌经营兴造之事,凡大内宫殿、
陵寝、城壕、坛场、祠庙、廨署、仓库、营房之役,鸠力会材而以时督而程之,王邸亦如之"[45]。
其所属作坊主要生产建筑用陶,故有琉璃厂和黑窑厂、掌烧造砖瓦及内府器用。

　　明太祖朱元璋为保持皇室的长远统治,在加强中央集权的同时,又实行分封制,将他的
二十四个儿子和一个从孙分封在全国各地,让他们"夹辅王室"。明王室除为都城建宫殿烧造
而设官窑外,也为被分封的亲王建造王城宫殿修造专烧琉璃建材的官窑。据《王国典礼》载,"洪
武四年定:亲王宫殿庑及城门楼皆以青色琉璃瓦"。

　　明洪武三年（1370 年），明太祖朱元璋册封次子朱樉为秦王，并下令其在洪武十一年（1378年）到西安就藩。据《明实录》所载，从洪武四年开始，长兴侯耿炳文奉旨以元代陕西诸道行御史台署旧址为基础，兴建秦王府城。至洪武十一年，朱樉就藩西安时秦王府已全部竣工。明人朱国桢在《涌幢小品》中记载："秦府殿高至九丈九尺，大相悬绝。"而宫室数目应该在八百间之上。这些琉璃瓦均来自秦王封地渭北同官县的立地坡琉璃厂（图一六）。

　　立地坡村坐落在狭长的山岭上，东临石马山，西临立地坡堡子，古称"宝瓶堡"。宝瓶堡是自然凸起形如圆瓶状的一个大山包，明秦王府琉璃厂和宝山寺就建在山包的西坡下，当地亦称其"寺坡"。"是地东连民田，北通官道，西南以山为界"。陈炉窑考古队在宝瓶堡调查时，还发现了山上有用石块砌筑的内城、外城城墙遗址。据当地村民介绍，山顶原有用耐火砖建的城堡，20 世纪五六十年代都被人为损毁。"宝瓶堡"有内城、外城和城堡建筑，应是朝廷派出监管督造琉璃宦官的办公和生活居址。2002 年，陈炉窑考古队发掘了西坡下的遗址，证明了该地即秦王府琉璃厂和宝山寺的确切位置[46]。

46　耀州窑博物馆、陕西省考古研究所、铜川市考古研究所：《立地坡·上店耀州窑址》，三秦出版社，2004 年。

肆　闻名遐迩的耀州窑青瓷

一　青瓷的分期及时代特点

耀州窑以烧造青瓷著称于世，被誉为"北方青瓷的代表"。它的发展经历了滥觞、成熟、鼎盛、衰落等阶段，可分为初创的渐进时期——唐代，发展的成熟时期——五代，辉煌的鼎盛时期——北宋，持续的发展时期——金代，衰退的终极时期——元代、明初。而每一时期都有其不同的文化内涵及时代特点，从而形成了一部完整的耀州窑青瓷发展史。

1. 初创的渐进时期——唐代

耀州窑唐代创烧。地处大唐京畿之地，受唐社会政治、经济、文化等影响，窑工们不蹈陈规、勇于探索，博采众家之长，在生产实践中逐步掌握了当地原料特征，从而形成符合自身特色的发展之路。

该窑烧造青瓷始于中唐，种类已有餐具、酒具、茶具、化妆、照明、医药、宗教、娱乐用具及瓷塑等，包括盒、盅、盂、杯、碗、盘、钵、罐、釜、瓶、砚、渣斗、盏托、灯盏以及塌、马、鸡、鸭、猴、狗、狮、蟾蜍、骆驼等动物瓷塑。装饰手法有划花、印花、贴花和彩绘等。划花题材有几何纹、云纹、动物和植物花卉纹；印花主要以朵花为主；釉下彩绘是在坯胎上用化妆土绘出植物花卉等图案，已发现有釉下白彩和釉下褐彩，装饰手法单一，题材简单。器胎较为致密显青灰或白色。釉色普遍青灰泛黄、泛白，晚期出现较深的青蓝色釉。部分器物施釉前上化妆土，烧成后釉层均匀，釉色纯净，玻璃质感强。成型方法为轮制、模制、捏塑等。

青瓷的烧造，使用该窑发明的馒头状半倒焰式马蹄形窑炉（图一七），用木柴作燃料。装烧采用筒形匣钵（图一八）多件摞烧，碗盘叠摞使用三角形支垫，烧成后器内留有三个支烧痕。

2. 发展的成熟时期——五代

五代一改唐时多品种釉色的烧造，而转向单一青瓷的烧造格局。无论胎、釉、造型、装

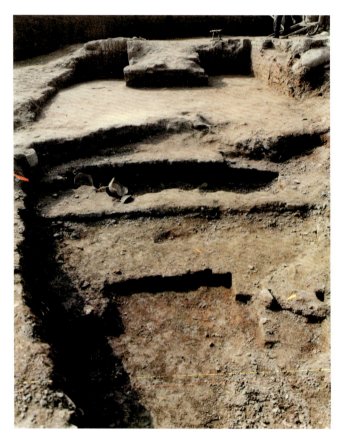

图一七 唐代柴烧窑炉

图一八 唐代筒形匣钵

饰等均属上乘，并且成功烧造出"雨过天青云破处"般的天青瓷，受到皇室和上层社会的青睐，窑址曾经出土的"官"字款青瓷是向皇室贡御青瓷的佐证。

器物种类主要有生活类的餐具、酒具，包括碗、盘、杯、盏、盂、壶、灯、枕、套盒、渣斗、唾盂、香熏、烛台、器盖、净瓶、倒注壶、五管瓶、葫芦瓶和瓷塑等。器形一改唐代浑圆厚重的风格，趋向精巧、隽秀、典雅。新出现的仿金银器造型的茶、酒具多为花口、曲腹、高足外撇，反映了时代风尚和士大夫阶层的审美情趣。装饰手法有划花、剔花、印花、贴花、镂空、雕塑等。其中剔花、刻花最具特色为该窑独创。剔花工艺是先在器胎上刻出纹样的轮廓，再将轮廓外的衬地剔除，花卉的叶脉用阴线划出，施釉焙烧后极富浮雕效果。以往国外公、私立博物馆和个人收藏的此类剔花青瓷曾被误认为是"东窑器"，即该窑五代的典范之作。装饰题材以写实为主，人物、动物、植物、几何纹样应有尽有。人物有塑成人物造型的人形壶，以人首作壶盖，双手持物成壶流，背安条形曲柄，博衣宽袖，腰束窄带，周身饰划朵花纹，惟妙惟肖，精彩动人。另外，还有攀枝婴戏、荷莲婴童，既写实又浪漫。动物有塑成狮子造型的香熏、双鱼形瓶、龟形器盖。植物花卉最为丰富，菊花、牡丹、莲花、枫叶、卷草、柳条编织等纹样几乎囊括所有器皿，一些碗底还刻有"官"字款识。多样的装饰手法和丰富的装饰题材相得益彰，为宋代青瓷装饰艺术达到巅峰，进入全新的美学境界奠定了坚实基础。

原料制备工艺大大提高，胎泥的可塑性增强，精细度提升，烧造出了大量的薄胎器和仿金银器造型的青瓷。这一时期的器胎有黑灰色和白色两种。黑胎器含铁量较高、色深灰、黑灰，胎骨坚密，叩之有金属声，施釉前上化妆土，是这一时期的主流产品。白胎器晚期出现，较黑胎器数量少得多。其胎泥经过特殊加工，非常精细。釉色分灰青和天青两类，灰青釉釉面光滑，釉层均匀，玻璃质感强，一般为民间大众生活用瓷；天青釉器胎薄，釉面滋润纯净，如冰似玉，多仿金银器造型，为贵族上层社会高档用瓷。

成型仍沿用轮制、范模、捏塑、贴塑等工艺（图一九）。装烧工艺提高改进，改用 M 形漏斗状匣钵单件装烧（图二○），开创了该窑自五代以来一器一钵单件装烧的烧成制度。另外，还首创了观测窑炉火焰的"火照"，极大地提高了青瓷烧成的品质，亦为北方瓷业的发展作出了贡献。支烧具有垫饼、垫环和支垫，支垫上的支钉有三个、五个不等。由于器物满釉裹足烧，烧成后器外底或足底都遗留有支烧痕，尔后又改用石英砂团支烧，烧成后足底留有三团托珠痕。到了晚期，又出现了足底擦釉，用垫饼或垫环垫烧，烧成后器外底足呈褐红色。烧成仍沿用馒头状半倒焰式的马蹄窑，用木柴作燃料。

3. 辉煌的鼎盛时期——北宋

入宋，耀州窑在唐、五代青瓷烧造工艺的基础上又对泥料制备及制釉工艺（图二一、

图一九　五代陶范　　　　　　　　　　　图二〇　五代"M"形漏斗状匣钵

图二一　宋代粉碎原料的大型石碾槽

图二二　宋代制瓷作坊内的盛釉陶缸　　　　图二三　宋代石转轮

二二），成型工艺，窑炉结构，装烧工艺和装饰技艺诸方面都进行了创新和完善，使其青瓷烧造工艺全面发展，并进入鼎盛时期。烧造的橄榄色青瓷"巧如范金、精比琢玉"，不但上贡皇室、畅销国内而且还远销域外，在中国古代陶瓷的历史上产生过广泛、深远的影响。

（1）北宋早期

此期青瓷以素面为多，装饰纹样较少，装饰手法主要有划花、剔花、刻花，稍晚出现了与剔花接近的浮雕式刻花工艺。装饰题材简单，主要是植物花卉，纹样多见划花流云、剔花缠枝花卉和刻划的多层仰莲花瓣。器胎有两种颜色，一种铁黑，一种灰白，胎质颗粒较细，黑胎多施化妆土。釉色以青中泛灰、泛黄为主，其次是天青、灰青、青绿色等。

成型以轮制为主。唐、五代的木制转轮已被转速均匀平稳、持续时间长的石制转轮所代替（图二三）。烧成工艺亦发生重大革新，开创了北方窑场用煤烧造陶瓷的历史。煤作燃料，窑炉的结构随之发生了改变，变火膛为利于煤烧的燃烧室，增设了炉栅和落灰坑以及助燃结构的地下通风道。这种变革和发明不仅对该窑自身发展产生了积极作用，而且对我国北方的陶瓷生产亦产生了重大影响（图二四）。

（2）北宋中期

此期器物种类与早期基本相似，但各大器类中又出现了不少的小类。新出现鸟食罐、浅

图二四　宋代煤烧窑炉

盘狮座灯盏、鼓形围棋盒和花插等。以典型代表器物为例，碗类有侈口和敞口深、浅腹碗，亦有直口斜腹和直口直腹盖碗；小盏有侈口、敞口、翻沿、花口多种；盘碟有圈足、卧足、平底，侈口、敞口、花口、翻卷荷叶口等多种造型；执壶以长直颈、鼓腹、曲流和短颈、鼓腹、短流两种造型为代表。此期造型特征是底足多为高窄圈足，施釉后二次刮坯修足。

装饰手法以具有浮雕特征的刻花为主，开始出现与刻花风格相似的印花工艺。刻花宋初偏晚出现且已达到最高水准，被誉为"宋代青瓷刻花之冠"。刻花采用两刀法，亦称"偏刀"，即先用刀具垂直刻出纹样的轮廓线，再在其旁用刀具斜刻，并剔掉直刻和斜刻后夹在刀痕中间的地子，使纹样凸出，施釉焙烧后纹饰呈现出浓淡相间、层次分明、清晰可见的立体效果。

图二五　宋代中期植物纹样

（采自《陕西铜川耀州窑》，科学出版社，1965 年）

印花工艺的发明使用不仅提高了生产功效，而且让装饰纹样更加丰富生动，达到了同时期印花工艺的最高水准。与刻、印花工艺组合使用的还有贴花、镂空、捏塑等。

此期装饰题材包括自然界和人们熟悉的日常生活景物，其中以植物和动物为主。植物又以牡丹、菊、莲为主（图二五），动物以龙、凤、狮、虎等瑞兽和鹤、孔雀、鸿雁等珍禽以及鱼、鸭、鹅等水禽为主（图二六）。原料制备等成套工艺的革新，使胎釉加工更加精细，瓷胎普遍致密、坚实、颗粒细小均匀、不见黑色铁点、色灰白。釉色呈现出典雅深沉的橄榄绿，釉面纯净温润，玻璃质感强，被冠以"类越器"、"类余姚秘色"的美名。粉碎原料工艺有重大革新，发明了大型粉碎原料的石碾槽，比明代《天工开物》记载的"石

图二六　宋代中期动物纹样

（采自《宋代耀州窑址》第四章"纹样的题材"，文物出版社，1998年）

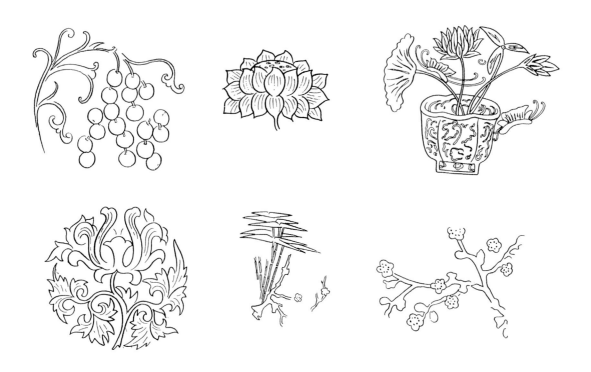

图二七　宋代晚期植物纹样

（采自《宋代耀州窑址》第四章"纹样的题材"，文物出版社，1998年）

图二八　宋代晚期动物、人物纹样

（采自《宋代耀州窑址》第四章"纹样的题材"，文物出版社，1998年）

碾"图还早数百年。成型和装烧仍沿用传统工艺并不断发展。

（3）北宋晚期

此期的器物造型又有所增加，以典型代表器为例，碗类有侈口削腹、敞口削腹、短直口削腹、侈口宽折沿几种，温碗、盖碗增多；小盏有侈口削腹、侈口翻沿削腹、敞口小腹和宽折沿几种，盏托多空心造型；碟类多见敞口圆腹、斜腹、折腹卧足，亦有花口和荷叶翻卷口、卧足及敞口翻折沿圈足碟几种；洗多见花口和多折花口造型；杯以龙首八棱及单把为典型；尊多见荷叶翻卷口、鼓腹矮圈足型；执壶仅见曲长流、小口长颈鼓腹型；瓶以大口梅瓶和花口瓶为典型；还新出现平沿束颈鼓腹式三足鼎炉。器物的普遍特征为胎骨较薄，造型小巧消瘦。器物底足和器底中心凸起呈鸡心状，器足比中期变矮，二次修足现象较少。

装饰手法以印花工艺为主，刻花继续沿用，亦有先印后刻者。新出现了先印花再用化妆土彩绘的工艺。装饰题材以植物最多，动物次之。人物类、山水类、文字类较少，几何纹往往作衬托的边饰。植物类主要有牡丹、莲花、菊花、西番莲、鸡冠花、葵花、梅花、忍冬、柳枝、蕉叶、茨菰、芦苇、石榴、葡萄、瓜瓞、莲蓬等（图二七);动物、瑞兽类主要有龙、凤、狮、虎、象、鹿、麒麟、海马、孔雀、鹤、鸳鸯、蟾蜍、摩羯、鱼龙、喜鹊、鸿雁、飞蛾、蝶、鱼、螺、鸭、鹅等。人物类主要有婴童嬉戏、传统故事卞庄刺虎等；佛教类有维摩诘、飞天、天王、罗汉、力士、供养人、化生人物；道教类有鹤驭仙游人物、着鹤氅人物（图二八），着华阳巾人物；外域人物有蓄小胡须的印巴人、深目高鼻的罗马人、卷发高额凸目的非洲人等。纪年文字有小盏内在花蕊中印刻"熙宁"，"大观"，"政和"年号，还有吉祥语类的"富贵"、"长命"、"天下太平"等。姓氏、地名、数字虽少，但也有印饰。总之，这一时期各窑口所采用的装饰纹样，该窑在青瓷装饰中囊括殆尽。器胎多呈灰白色和浅灰色，亦有土灰色。胎土颗粒仍很均匀，胎质细密。釉色仍以橄榄绿为主，还出现了釉色淡浅的月白色青釉瓷。成型、装烧亦沿用传统工艺。

4. 持续的发展时期——金代

金代，由于连年战争的破坏，北方瓷业生产遭受到一定影响。虽然耀州窑场地处内陆偏远山地也受到战事的波及，但瓷业生产并未中断，并且在宋代制瓷的成就基础上又有新发展。随着市场用瓷量的剧增，青瓷的生产规模不但扩大而且继续向皇室贡瓷。青瓷生产承袭了北宋精湛的制瓷技艺，不但釉色可与宋瓷媲美，而且器形、纹饰有所创新。器物以生活实用瓷中的碗、盘、钵、壶、瓶、罐为多，其次有枕、炉、盒、盏、灯、鸟食罐及瓷塑玩具等。大部分日用器皿承袭宋式，但一改宋晚期轻、薄、巧的风格，以敦厚耐用替之。

此期装饰手法仍以刻花、印花为主，但印花已占主流，划花、镂空、贴塑兼而有之。装

图二九　金代印花纹样

（采自《陕西铜川耀州窑》，科学出版社，1965 年）

图三〇　立地坡金代窑炉

饰题材也较为广泛，以植物为多，主要有牡丹、菊花、梅花、海棠、石榴、茨菰、荷莲等；动物类有鹿、牛、羊、鸭、鱼、鹅、鸳鸯、鲤鱼等；人物类仍以婴童为主。此外，还有八卦、珍珠地、开光、钱纹等（图二九）。装饰构图也由多层次而趋向简洁明快，多以单个纹样为主，连续展开。纹样图案常见的有折枝牡丹、交枝牡丹、缠枝牡丹、牡丹三鹿、缠枝菊花、卷枝忍冬、水波游鱼、鲤鱼闹莲、开光卷莲、水波莲花、双婴戏莲、牡丹卧鹿、吴牛喘月等。

器胎有灰白和灰色两种，胎土加工细致，颗粒均匀。釉色以青绿为主，亦有青黄色，釉面光亮，玻璃质感强。此期还大量出现了月白釉青瓷，釉色以青和白为主，多素面，釉层肥厚，釉质乳浊，温润失透，极富玉感。成型、装饰、烧成（图三〇）等仍沿用传统工艺。

5. 衰退的终极时期——元、明

黄堡耀州窑自唐代创烧以来，青瓷生产长盛不衰，在北方窑场中始终处于领先地位。到了元代则发生了显著变化，青瓷产品已粗朴不佳。由于保持着民窑的传统风格，民间用瓷量始终有增无减。为满足大众用瓷，窑炉随着产量扩大亦相应扩容，燃烧室、火膛、烟囱等部位相应改大后，还原焰不易控制，造成青瓷釉色少绿偏黄，即所谓的"姜黄釉"，耀州窑传统的青釉釉色不复存在。另外，窑场数百年对原料的开采，亦造成后世采掘难度加大，成本上升，

图三一　元代印花陶范

加之南方景德镇窑彩瓷新品种异军突起，成为全国的制瓷中心等原因，耀州窑黄堡窑场终于走完了其辉煌的陶瓷烧造之路，于明嘉靖之前终烧。

此期的器物造型主要有碗、盘、瓶、罐、壶、盆、灯盏，且以碗的产量最大。各类器形普遍比较大，胎体厚重粗笨，胎料亦加工粗糙，形成了粗犷敦厚的风格。装饰题材主要以植物、动物为主。植物有莲花、蔓草，动物有鱼、鸭、鹅和模塑的龙首面，钱纹、水波纹则作为衬托的边饰纹。装饰纹样亦随器形的风格改变而趋向简单、粗放，不再循宋时的精美、圆活。

装饰手法以印花为主，刻花次之；特殊器形装饰则采用模印（图三一），如龙首壶流等。陈炉窑在承袭黄堡窑青瓷工艺的基础上，创新出一种简笔刻花青瓷（图版138）。器物成型后先施化妆土，再深刻出简笔花纹施釉后入窑焙烧。烧成后的纹饰在透明釉层的映衬下别有韵味。成型以轮制为主，模制甚少。装烧、烧成仍沿用传统工艺和涩圈叠摞、筒形匣钵装烧的工艺。

明初继续生产青瓷，但数量和品质大不及前代。青瓷的造型主要以生活器皿碗、盘类为主，釉色有姜黄、青黄，还有些泛褐色。装饰以印花为主，花卉题材居多，印纹多凸起、近似阳纹。

二　青瓷的艺术成就

耀州窑青瓷从唐代诞生以来，延续了约八百年的烧造历史，不但受到皇室和大众的青睐，还飘洋过海远销到异国他乡。它的釉色、造型、装饰艺术诸方面都有着深厚的文化内涵，达到了极高的美学境界，在中国古陶瓷史和工艺美术史上占有不可或缺的地位。

1. 耀州窑青瓷的艺术成就表现在完美的釉色上

中国古代青瓷在南方诞生以来，主色调一直以绿色为主，著名的越窑秘色瓷被唐代诗人形容为"千峰翠色"等，就是对绿色调的赞美。而这种青中显绿的釉色被文人雅士所追捧的特征，又被五代耀州窑的天青釉瓷改变。耀州窑匠师在唐代青瓷制烧工艺的基础上，经过反复摸索和试验，成功地烧制出华而不艳、隽秀典雅的天青瓷。这种釉的主色调为淡天蓝色，恰似"雨过天青云破处"，给人以清淡、恬静、雅致的美感，被加施在仿金银器造型的高档茶具、酒具上则更显大气、高贵。如此精美的天青瓷大都被上流社会和统治阶层所垄断。天青瓷的施釉、装饰、装烧工艺追求完美，它的烧制成功对以后其他窑口天青瓷的烧制，以及国外的高丽青瓷都产生过重要影响。

宋代耀州窑烧制的橄榄绿青釉瓷，又达到新的美学境界。中国古代文人雅士对瓷器的审美追求，主要是在瓷釉的特征上，若釉质能达到玉质般的效果，则更为其所追捧。陆羽在评价越窑青瓷和邢窑白瓷时认为，"邢瓷类银，越瓷类玉"。宋代耀州窑正是迎合了时人的审美情趣，学习借鉴越窑秘色瓷，成功烧制出"精比琢玉"、"视其色温温如也"玉质般的青瓷，在宋代获得"越器"、"秘色"的美名。北宋晚期出现、金代大量烧造的月白釉青瓷则把单色釉艺术推向新的美学境地。

2. 耀州窑青瓷的艺术成就表现在装饰技艺上

五代首创的剔花工艺亦称雕花，系借鉴汉代画像石和隋唐的浅浮雕石刻技艺，一直沿用至宋初。剔花装饰工艺主要用于天青釉瓷，施釉焙烧后，淡雅的天青釉下纹样凸起、立体感极强，极具浮雕效果。尤以别具一格的剔花牡丹纹执壶最为典型，颇具浮雕效果的牡丹盛开怒放，将装饰艺术效果引向极致。

北宋在剔花的基础上又创新出独具特色的刻花工艺，"在宋瓷中独树一帜"。由于特殊的刻花工艺，使纹样线条的深浅不一，施釉焙烧后刀痕深釉层厚，反之釉层薄，形成了釉层浓淡的自然色阶和层次分明、立体感强、犀利圆活、生动流畅的艺术特色。

宋、金、元、明时期均以印花工艺为主要的装饰手法，不但提高功效，而且产品标准规范，

图三二　宋代印花母范　　　　　　　　　　　　　图三三　宋代印花子范

可谓中国早期生产标准化的雏形。印花先要制作模范，模范又分母范（图三二）和子范，先用母范翻子范，再用子范直接在器坯上印花，极为合理科学，使用起来非常方便，在各地窑场广泛应用。模范是窑工用刀具精心雕刻，本身就是难得的艺术品（图三三）。

3. 耀州窑青瓷的艺术成就表现在丰富的装饰题材上

耀州窑青瓷的装饰题材多来源于自然界和人们日常生活景物，或在此基础上加以想象而构成的某种形象，从而反映了窑工们的意识、观念、信仰及社会时尚。花卉历来为中国劳动人民所喜爱，三千年前原始社会的先民就已认识并能种植花卉了，而且还将其用于生活用品和工艺品的装饰上。地处西北内陆渭北的耀州窑，生产环境及条件十分简陋，都是半地穴式作坊，但是窑工们对美好生活的向往十分强烈，那一件件被富贵牡丹装扮的青瓷器皿，就是他们的执着追求的例证。

动物、昆虫题材仅次于植物，大凡水里游、陆地上跑、空中飞舞的均有刻划。生活中最易见到的鱼、鹅、鸭、螺以及被喻为爱情象征的鸳鸯屡见不鲜；矫健的雄狮、麒麟，温顺的梅花鹿，则被视为瑞兽；飞舞的仙鹤、群蛾、枝头鹊噪、蝴蝶恋花、凤凰牡丹等则象征着吉祥富贵。龙凤被视为封建皇权的象征，这种御用纹饰为鲜见的珍品。

人物题材的纹饰以婴戏为主且刻划得最为生动，有双婴扳枝游荡、夺花驯鹿，三婴抢球，五婴蹴鞠等。婴孩颈带项圈、腕带手镯、脚蹬布袜、飘带飞扬、肌体丰腴、稚态可掬，构成一幅幅栩栩如生的民俗风情画。戏装男女、持物人物、山石人物、匍匐人物等是耀州窑青瓷中不可多见的题材。外来佛教已被民族化，如摩羯形象已转化为龙头鱼身且被刻划成中国传统的二龙戏珠式图案（图三四）。道教是本土文化，装饰题材不乏神话。至于"岁寒三友"、"连年有余"、"连生贵子"、"长命富贵"、"喜上眉梢"等题材纹饰，则是以其内涵或取其谐音反映人们的世俗观念及理想愿望。"熙宁"、"大观"、"政和"年号在花蕊中以字代蕊，已成为考古断代珍贵的标准器。

4. 耀州窑青瓷的艺术成就表现在因器施图、纹饰与器形的完美统一

耀州窑的窑工在纹饰布局上，既讲究实用，又注意纹样的合理布局；既追求形式变化，又能保持整体的完美统一。碗、盘类产量大，纹饰随器形的变化而随机变化。如常见的喇叭形敞口浅腹小底印花碗，利用内壁敞开面较大的特点，将纹饰印在内壁，达到引人注目的效果。再如深腹喇叭状敞口小底碗，由于碗壁敞开角度较小，显见面近底，就将碗壁近底部作为布图位置。炉、壶、瓶、尊及较复杂器物，则根据器形特点因器布图。

布局严整、讲求对称、形式多变，也是青瓷装饰的显著特点。所谓布局严整，是指纹饰的构成能遵循一定规律，而这种规律又是窑工在长期工艺实践中提炼、总结和继承传统装饰做法中形成的。装饰主体形象往往讲求对称，如习见的折枝牡丹、婴孩嬉戏、龙凤呈祥等，主体形象对比强烈，互相对称呼应。同样的题材纹样，运用多种表现形式，令人赏心悦目。富贵牡丹，

图三四　宋代印花摩羯纹（翟建峰绘）

或含苞待放，或盛开；或选其正面，或选其侧面；或用折枝，或用缠枝，或用交枝；或以"楼台"式的叠瓣构图，或以三瓣扇形花瓣构图，极尽变化。

人物、动物题材的纹样，刻划概括、洗练、生动。婴孩纹抓住体态的主要特征，用极洗练的轮廓线将其五官、稚气、丰腴体态生动地概括出来。动物则显其头、尾、足、翅等重点部位的动势，概括地进行线条刻划。如"水波三鱼"纹（图版 68），表现了漩涡之中三鱼悠然自得的游弋，鳍与尾的动态刻划得淋漓尽致，惟妙惟肖。此类纹饰图案的作法，无疑受到前代和同时期画法的影响。魏晋时期中国山水画的人物和背景比例发生了变化，画中人物占据很大比例，而山水、树石仅作陪衬，画史称"人大于山、水不容泛"。而耀州窑青瓷中的婴孩、动物题材都采用"人大于山"的传统画法。以"摩羯戏珠"纹为例，主体形象摩羯占据大部分空间，圆弧状水波只作衬托底纹，看似比例失调，但突出了摩羯形象，将其在波涛翻滚的海水中戏珠的形象生动地刻画出来。

北宋初期的青釉刻花牡丹纹提梁倒注壶极为罕见（图三五）。它是耀州窑青瓷造型与装饰和实用功能完美结合的范例，不但造型别致、结构奇特、装饰精美华丽，还是一件实用的酒器。与一般瓷壶不同的是，壶身顶部无注水口，以模塑的柿蒂为假盖。提梁塑以卧伏的凤凰，凤首高抬作欲飞状，弯曲的凤身满饰连珠纹。壶流塑一哺乳的母狮，侧身伏卧，四肢趴地，侧颈抬首，盆口大张，利齿外露成壶流。其下的幼狮肢蹬母狮腹，作吮乳状，逼真灵动的神态为壶体增添了装饰情趣。圆鼓的弧腹剔刻大朵缠枝牡丹，其中三朵盛开的团花微凸，具有强烈的装饰效果。壶身满施青釉，晶莹透亮，纹饰在釉下清晰可见。更为神奇的是，注水口不在上部而在壶底。壶底设一梅花小孔，注水时要将壶身倒置，注满后再将壶身放正，水却不会从底部流出。聪明的窑工早在一千多年前就掌握了"液面等高"原理，将其运用的完美、天衣无缝。

伍　耀州窑的月白釉瓷

金代，耀州窑承袭宋代青瓷烧造技艺，在适应民品需求量剧增、革新工艺、扩充窑炉容积、增加产量的同时，继续向皇室贡瓷。为了开拓市场，迎合文人雅士和贵族阶层的嗜好，还大量烧造了月白釉瓷。

一　月白釉瓷的烧造时间、特点及出土概况

月白釉瓷以乳白色为基调，有白中闪青、白中闪灰等，釉质乳浊失透，釉层肥厚如冰似玉，酷似深秋的一弦皓月。以素面无纹居多，为追求玉质效果施釉较厚，一般釉层厚度约 2 毫米。月白釉瓷以实用器为主，主要有碗、盏、碟、盘、杯、钵、盒、罐、瓶、器盖、炉、洗等。少量适合器形的碗、盘类有印刻纹饰，多见牡丹、莲花、鸭、鹅、犀牛等，纹饰简约，刻划生动，与同时期青瓷装饰风格类同。由于釉汁乳浊失透，此类月白釉瓷器纹饰则显得含蓄、朦胧。

月白釉瓷的出现是在宋代晚期[47]，大量烧造则在金代。装烧工艺可分为两类：一类采用单件匣钵仰烧法，另一类则采用砂圈叠烧工艺。采用单件匣钵仰烧的大多是罐、瓶、炉类的异形器，以及有装饰纹样的适合类器物。砂圈叠烧工艺出现在金代，比同时期单件匣钵仰烧的时间稍晚，说明了月白釉瓷的大量烧造以及市场、用户的广泛需求。

耀州窑月白釉瓷的出土主要集中在窑址，其次是在窑址以外的窖藏和墓葬。现择其典型、代表性的器物作一介绍。

1. 1959 年窑址发掘出土宋代晚期月白釉瓷[48]

盘：敞口、平沿、卧足，内底印一朵莲花纹。胎灰白，施月白釉。口径16、高2.5、足径5.6厘米。

钵：口微敞、鼓腹、坦底、卧足，内底印刻束莲纹。施月白釉。口径17.1、高6、足径4.2厘米。

47　陕西省考古研究所、耀州窑博物馆：《宋代耀州窑址》，文物出版社，1998 年。

48　陕西省考古研究所：《陕西铜川耀州窑》，科学出版社，1965 年。

2. 1985 ~ 1992 年窑址发掘出土宋代晚期月白釉瓷[49]

碗：标本91ⅣT19②：1，敞口，圆唇，弧腹，小圈足外斜，内底下凹。器壁较薄，施月白釉，釉层厚。足底露胎，胎灰白。口径18.8、高7.6、足径5.4厘米。

盏：标本92ⅦT10③Z74：66，侈口，圆唇，深弧腹，小圈足。施月白釉，色泛绿，釉层透亮，釉面开片。灰胎，质坚密。口径12.4、高5.5、足径3.5厘米。

盘：标本86ⅢT9②：H23:50，宽平沿，浅腹斜壁，平底内凹，浅卧足。施月白釉，釉色淡绿泛白，釉层厚。内底心和腹部各饰一周弦纹，胎厚色灰。口径18、高2.6、底径2.7厘米。

碟：标本91ⅣT12②：43，敞口斜腹，卧足。内腹六出筋，外壁有六道压印凹痕。施月白釉，内底凸印西番莲纹。口径12.6、高2.6、底径2.7厘米。

龙首八角杯：标本86ⅣT6②：2，敞口，圆唇，弧腹，长八边形。平底内凹，一侧腹贴龙头把手。施月白釉，釉匀润透明。内底印莲花纹，外底及柄底露胎，胎色灰白。口长11.8、宽9.6、底长4.5、宽4.3、高4.7厘米。

瓶：标本85ⅡT4③H3：54，细长颈，圆肩，鼓腹下收外撇，圈足外撇。施月白釉，釉色淡绿，釉面光亮。腹部为六条竖纹，间隔一格刻折枝牡丹纹，余则填刻荷花、荷叶及三叶水草纹。颈部刻仰莲纹，肩刻双重覆莲纹，下腹刻双重仰莲纹，仰莲之下足面之上一周凸棱。残高16.1、最大腹径10、底径8.2厘米。

3. 窑址出土金代月白釉瓷

20 世纪 70 年代末，位于耀州窑遗址区内的某部队营房基建时挖到窑址堆积层，出土一批月白釉瓷，有玉壶春瓶、三足炉、鸟食罐、盘、杯、碗等。铜川市电瓷厂工程师、耀州窑遗址文保组长梁观登及时发现保护了这批瓷器，并全部交给陕西省考古研究所铜川工作站[50]。经鉴定，这批月白釉瓷为耀州窑金代烧造，择其典型器介绍。

三足炉：圆唇，窄折沿，短直颈，扁圆腹，下附三兽足。施月白釉，釉汁肥厚玉润，有细碎开片，内施釉到沿下，外施满釉，足跟露胎。口径9.7、高9.5厘米。

玉壶春瓶：喇叭形口外撇，细长束颈，溜肩，圆鼓腹，圈足。通体施月白釉，釉色泛青，温润如玉。通体施满釉，足跟露胎，胎灰白，质细密。口径5、高25.5、底径7厘米。

4. 墓葬出土金代月白釉瓷

北京市丰台区王佐米粮屯金代乌古伦窝伦墓是 1980 年 5 月底发现的，北京市文物工作队

49　同 47。

50　薛东星：《耀州窑史话》，紫禁城出版社，1992 年。

对其进行了发掘清理[51]。随葬器物中有 2 件耀州窑月白釉錾耳洗，2 件月白釉瓷碗，造型、釉色等特征均与耀州窑遗址出土金代标本类同。

錾耳洗：敛口圆腹，小平底卧足，底足无釉。口沿一侧出半月形錾耳，錾耳下附小环珥。施月白釉，釉色淡青白，釉层厚而均匀，色泽明亮，莹润如玉，有细碎开片。胎灰白，质细腻，制作精致。施满釉，底足与环耳外侧露胎，内底心饰一道弦纹。口径16、高5.1、底径4.6厘米。

碗：直口，平底，卧足，足底无釉，内底印饰折枝牡丹纹。施月白釉，色淡青白，莹润明亮，胎灰白，质细腻。口径17.1、高6.2、底径4.2厘米。

5. 窖藏出土金代月白釉瓷

1988 年，陕西耀县柳林镇寺村发现一处瓷器窖藏，出土瓷器共 30 余件[52]。据当地老人介绍，这里古代建有寺院且香火很盛。这批瓷器制作精细，造型别致，有可能是当年寺院的遗物。瓷器的釉色有翠绿、姜黄、月白三种，包括碗、盘、盏、钵、杯、洗、瓶、罐、炉等，经鉴定为金代耀州窑所烧造。其中有 4 件为月白釉瓷。

錾耳洗（图版 125）：敛口，曲腹外鼓，坦底卧足。口沿一侧出半月形錾耳，錾耳下附小环珥。施月白釉，釉色淡青白，釉层厚而均匀，釉色明亮莹润如玉。胎灰白，质细腻，制作精致。施满釉，底足与环耳外侧露胎内底心饰一道弦纹。该器与北京金代窝伦墓出土的月白釉錾耳洗造型、釉色一致。口径 15.4、底径 4、高 6 厘米。

直腹钵（图版 127）：直腹，直口，圆唇，平坦底，圈足。施月白釉，釉色泛青失透，釉层厚而均匀，极富玉感。足跟露胎，胎灰白。口径 13.1、高 7.8 厘米。

梨形执壶（图版 126）：小口内敛，窄溜肩，梨形长腹，近足部内收，大圈足。下腹部一侧安圆柱状长曲流，对应一侧安扁圆把手。施月白釉，釉色青中泛白，釉质纯净，釉层较厚，温润如玉。施满釉，足跟刮釉。口径 1.5、高 11.6、足径 5.1 厘米。

荷叶形盖钵（图版 124）：盖面隆起，顶塑莲杆纽，沿呈翻卷荷叶状。钵子口，敛口圆唇，溜肩，上腹鼓弧形，卧足。胎灰白，质细密，制作精致。施月白釉，釉色泛青，釉层肥厚，莹润如玉。口径 6.8、高 10、底径 3 厘米。

三足炉：直口，宽平折沿，束颈，鼓腹，圜底下承三兽足。施月白釉，色莹润，内到口沿。外满釉，足底露胎。口径9、高10厘米。

二　月白釉瓷产生的自身条件

耀州窑成功创烧出仿玉效果的月白釉瓷，有着自身的诸多有利条件。该窑创烧于 7 世纪的初唐，正值中国瓷业空前广泛发展时期，南北方著名窑场相继出现，形成"南青北白"的

51　北京文物工作队：《北京金墓发掘简报》，《北京文物与考古》1983 年第 1 期。

52　同50。

瓷业格局。该窑虽然起步较南北名窑晚，但在向南方越窑学习生产工艺技术时，能结合当地原料特点和自身工艺条件，不断改进完善青瓷制烧工艺，中晚唐时青瓷的制烧水平已明显提高。到了五代，青瓷成为主流产品，质量已能和越窑秘色瓷媲美。入宋达到了极盛时期，从瓷土燃料的开采、坯料的制备、成型制作，以及配釉、施釉到装窑烧成，整个工艺流程质量得到全面提升。烧制出的刻印花青瓷产品"巧如范金，精比琢玉"，"视其色温温如也，击其声铿铿如也"。宋代晚期和金代，耀州窑的匠师们又娴熟地掌握了月白釉的配方和烧成工艺，烧制出温润如玉的月白釉瓷。

　　1974 年，铜川市陈炉陶瓷厂成功仿制试烧出耀州窑宋代青瓷。对仿烧青瓷标本测试得知，"胎中氧化铁为 1.54%，釉中氧化铁为 1.90%" [53]；"烧成温度为 1300 度左右，用弱还原焰烧成" [54]。1986 年，该厂又成功仿制试烧出月白釉瓷。科研结论揭示："胎和釉的含铁量及烧成气氛，是决定青瓷釉色的两大关键，月白釉制品胎含铁量在 0.5% ～ 1.0%，釉含铁量在 0.8% 的范围内，弱还原焰烧成较为合适，烧成温度为 1200 度左右。" [55] 同时，也对试烧的月白釉标本进行了测试，胎中氧化铁含量为 1.07%，釉中氧化铁含量为 1.32%。青瓷和月白釉瓷的仿制及测试数据表明，二者胎釉含铁量有别，青釉含铁量明显高于月白釉 4% ～ 5%。它们的烧成火焰气氛完全相同，都采用弱还原法，但青瓷烧成温度又明显高于月白釉瓷 100 多度。

三　月白釉瓷产生的历史背景

　　耀州窑月白釉瓷的产生，与当时社会进步、经济发展及人们精神文化需求等密切相关。

　　北宋立国，结束了五代十国的分裂割据。宋初宽减了若干割据政权时期的赋税，社会安定。统治阶级为了增加国家经济收入，还实行了新的地主与农民的租佃制度，使佃农对地主的人身依附关系有所削弱。这种经济关系的变化，促进社会生产力的发展。与此同时，商品经济也得到空前的发展，全国出现了许多商业繁荣、人口密集的城市。宋人的生活意识也随之发生很大的变化，这种变化体现在对瓷器使用的新需求。加之宋朝廷重视海外贸易，其中就有大量的瓷器外销。空前的经济繁荣刺激了制瓷业的昌盛，南北窑场如雨后春笋般破土而出，瓷业大发展也造就了一个个技艺绝顶的名窑。耀州窑凭借唐、五代以来的工艺成就一跃跻身于名窑行列，为其顺应市场和用户需求奠定了物质基础。

　　耀州窑月白釉瓷的产生，还受到景德镇青白瓷的直接影响。青白瓷是宋代景德镇创烧的一种独具风格的新品种，釉色介于青、白二色之间，白中显青，青中显白，故此得名。这一新品种是模仿青白玉的色质特点，为迎合使用者追求玉器效果而烧制的。玉器原材料稀少昂贵，制作工艺复杂费时，多为皇室贵族享用，而瓷器生产原料价格低廉，生产成本相对较低，因此仿玉效果的瓷器应运而生。南宋耐得翁《都城纪胜》"席"条记载："又有大小铺

53　李国桢、关培英：《耀州窑青瓷的研究》，《硅酸盐学报》第十二卷，第 2 期。

54　同 53。

55　王芬：《耀州窑月白釉的恢复研究》，耀州窑博物馆编：《耀州窑研究资料汇编》（内部），1993 年。

席，皆是广大物货，如平津桥沿河，布铺、扇铺、温州漆器铺、青白碗器铺之类。"《梦粱录》卷十三"铺席"条亦记载："黄草铺温州漆器、青白磁器。"两书都详细记录了南宋都城临安有专售青白瓷器的店铺。据对国内宋墓及遗址出土青白瓷的统计，江苏、江西、辽宁、浙江、湖南、内蒙古、湖北、安徽、河南、陕西、四川、吉林等十二个省区都有青白瓷出土[56]，足见其影响之大、流通范围之广。以景德镇为代表生产仿玉效果的青白瓷先声夺人，产品不但流通国内，而且远销到海外。

耀州窑博采众长，对风靡南北各地的青白瓷加以消化，依靠自身制作青瓷的传统技艺和当地原材料优势，瞄准市场及时调整品种结构，烧制出与青白瓷同曲异工、如玉似冰的月白釉瓷，不但为文人雅士所偏爱，而且倍受上层社会的青睐。北京金代乌古伦窝伦墓、耀县柳林寺村窖藏出土的耀州窑月白釉瓷，说明当时上层贵族及高级寺院对月白釉瓷的喜好和拥有状况。需要特别指出的是，錾耳洗是金代耀州窑独创的造型，目前国内仅出土 4 件，其中 3 件为月白釉，另一件青釉是 1975 年北京通县城关砖厂金墓[57]出土的，足见其珍稀。

四　对文献记载的认识

清代许之衡的《饮流斋说瓷》，对耀州窑瓷器有一段详细的描述："在西安耀州，亦宋时所建，初烧青器。仿汝而略逊；后烧白器较佳。初制者其釉透亮如玻璃，其色微黄略似虾青色。后制者其略逊，其色甚白，有似牛乳之白，似粉油之白，有似熟菱米之白不等。耀州有一种细胎细釉者，胎极薄而略带有暗花，釉极细而带有开片，不知者往往以定呼之，其实非也。盖其胎中薄而仍比定略厚，其釉虽细，而仍比定略粗；其色虽白，而仍比定略闪黄也。而暗花开片，亦与定微有不同。"

许公对耀州窑瓷器的这段描述还是比较中肯的。文中的"初烧青瓷"是指宋代烧制青瓷，而且把青瓷的胎、釉特征描述的比较客观。"后烧白器较佳"，就是这个"白器"让后世的研究者迷惑了一百多年。笔者认为，许公指的"白器"或许是月白釉瓷。"初烧青器"、"后烧白器"的记述从时间顺序上看是正确的。"白"是釉色的主色调，如同青釉主色调中的淡青、天青、虾青、灰青等，它同样包含月白、灰白、乳白、黄白等。如果这样理解，"后制者其釉略混"应该指的是月白釉质的乳浊感。"其色甚白"是指月白釉的主色调，区别于"初烧"的"青器"。"有似牛乳之白，似粉油之白，有似熟菱米之白不等"，正是描述月白釉主色调中变化着的近似色。而"暗花"则是指月白釉瓷中那些印花和刻花的器物。

若将《饮流斋说瓷》中对"白器"的描述，再与耀州窑出土的月白釉瓷相对照，宋代周辉的《清波杂志》言耀器"白者为上"，清代朱琰的《陶说》也言耀瓷"后烧白瓷为颇胜"，也就不难理解了。

56　冯先铭：《冯先铭中国古陶瓷论文集》，紫禁城出版社、两木出版社，1987 年。

57　刘精义、张先得：《北京市通县金代墓葬发掘简报》，《文物》1977 年第 11 期

图 版

唐代

陶瓷

唐代是耀州窑的创烧时期。地处京畿之地的黄堡耀州窑受大唐政治、经济、文化诸方面的影响，广收博集、不拘一格、开拓创新地发展，使陶瓷烧造呈现出绚丽多彩的局面。

01

三彩扁壶

唐代（618~907 年）
口径 4.6、底径 9.4、高 18.5 厘米
1998 年铜川市新区出土
铜川市考古研究所藏

圆直口，束颈，肩有对称圆阔耳，喇叭形底外撇。
口浮雕卷叶，腹雕壶门，内贴宝相花。通体施绿、
赭、黄三色釉，瓷土胎，胎色白。

Tri-colored Flask

Tang Dynasty(618-907)
Diameter 4.6cm,Bottom 9.4cm,Height 18.5cm
Excavated from Tang Dynasty tomb in Tongchuan,
new district in 1998
Collection of Tongchuan Institute of Archaeology

02

三彩炉

唐代（618~907 年）
口径 11.8、足径 6、高 5.4 厘米
1985 年黄堡耀州窑遗址出土
耀州窑博物馆藏

宽板沿，斜浅腹，圈底，卷足。施绿、黄、褐
三色釉，内壁、足露胎，瓷土胎，色淡黄。

Tri-colored Censer

Tang Dynasty (618-907)
Diameter 11.8cm, Bottom 6cm, Height 5.4cm
Excavated from Huangpu YaoZhou Kiln Site in
1985
Collection of YaoZhou Kiln Museum

03

三彩器座

唐代（618~907 年）
残高 20 厘米
黄堡耀州窑遗址出土
耀州窑博物馆藏

座平面五边呈须弥形，中空圆柱状，二层台座
边有五个方形立柱。座面设五个壶门，内各贴
兽首。顶层覆三层台阶向内递减。台面设双层
覆莲座，浮雕的莲叶尖微翘。通体施绿、褐、
黄三色釉，瓷土胎，色淡黄。

Tri-colored Pedestal

Tang Dynasty (618-907)
Residual Height 20cm
Excavated from Huangpu YaoZhou Kiln Site
Collection of YaoZhou Kiln Museum

04

赭彩盖罐

唐代（618~907 年）

通高 23.8、足径 13 厘米

1986 年黄堡镇梁家塬村唐墓出土

耀州窑博物馆藏

圆鼓腹，喇叭形高足，圆盖隆起，上置锥形纽，
高足饰满弦纹。通体施赭色釉，足内露胎，瓷
土胎，色淡黄。

Ochre-colored Jar with Lid

Tang Dynasty (618-907)

Height 23.8cm, Bottom 13cm

Excavated from Tang Dynasty Tomb of Huangpu
Town Liangjiayuan Village in 1986

Collection of YaoZhou Kiln Museum

05

三彩枕

唐代（618~907 年）

枕面大头长 17 厘米，小头长 14、宽 12 厘米；
枕底大头长 14 厘米，小头长 12、宽 10 厘米；
大头高 10 厘米，小头高 8.5 厘米

民间收藏

梯形，束腰，面施绿、赭两色釉，底露胎。瓷土胎，
模制成型，胎色粉红。

Tri-colored Pillow

Tang Dynasty (618-907)

The upper of pillow: The length of large side is 17cm,
The length of small side is 14cm, The Width is 12cm

The Bottom of The pillow: The length of large side is
14cm, The length of small side is 12cm, The Width
is 10cm

The large side is 10cm, The small side is 8.5cm

Private donation

06

三彩女坐俑

唐代（618～907 年）

高 25 厘米

2010 年铜川市新区唐墓出土

铜川市考古研究所藏

圆脸丰腴，凤眼弯眉，高鼻朱唇，头梳双髻。
上身着袒胸窄袖衣，外套半臂，下着高腰长裙，
系腰带，履头高翘坐在座墩上。左手抚膝，右
手执折枝花于胸前。髻、发、眉、眼用墨描绘，
衣裙施绿、黄、棕色釉。瓷土胎，色白。

Tri-colored Sitting Female Figure

Tang Dynasty (618-907)

Height 25cm

Excavated from Tang Dynasty tomb in Tongchuan
New district in 2010

Collection of Tongchuan Institute of Archaeology

07

三彩拱手俑

唐代（618~907 年）

通高 22.2 厘米

1987 年铜川市耀县柳沟唐墓出土

耀州窑博物馆藏

头戴幞头，身着圆领右衽长袍，腰间束带，双手拱于胸前，足蹬靴，立于长方形踏板。身施赭、绿、黄色釉，幞头染黑色，面绘粉色，嘴绘朱红，眉、眼、胡须用墨勾画，靴子绘黑色。瓷土胎，色粉红。

Tri-colored Figure in Saluting Posture

Tang Dynasty (618-907)

Height 22.2cm

Excavated from Tang Dynasty Tomb in Tongchuan

Yaoxian Liugou in 1987

Collection of YaoZhou Kiln Museum

08

三彩骆驼

唐代（618~907 年）
高 49.4、底长 16.8 厘米
1987 年铜川市耀县柳沟唐墓出土
耀州窑博物馆藏

长颈昂首，鼓目，双峰短尾，峰间置一圆形垫
子，长颈、前腿饰驼毛纹，立于长方形踏板上。
通体施棕红色釉，圆形垫子施绿釉、双眼、驼
峰根部、蹄和踏板露胎，眼珠用黑彩描绘。瓷
土胎，胎色淡黄。

Tri-colored Camel

Tang Dynasty (618-907)
Height 49.4cm, Bottom length 16.8cm
Excavated from Tang Tomb in Tongchuan Yaoxian
Liugou in 1987
Collection of YaoZhou Kiln Museum

09

三彩轿车

唐代（618~907 年）
长 22、宽 19.5、高 18.5 厘米
1987 年铜川市耀县柳沟唐墓出土
耀州窑博物馆藏

由车厢、车篷、车辕、车衡、车轮组成。车厢、
卷篷施赭色釉，箍条施绿色釉，窗棂施黄色釉，
余则露胎。瓷土胎，胎色淡黄。

Tri-colored Carrige

Tang Dynasty (618-907)
Length 22cm, Width 19.5cm, Height 18.5cm
Excavated from Tang Tomb of Tongchuan Yaoxian
Liugou in 1987
Collection of YaoZhou Kiln Museum

10

三彩龙首套兽

唐代（618~907 年）

长 24、宽 13.5、高 17.5 厘米

1985 年黄堡耀州窑遗址出土

耀州窑博物馆藏

长方龙首形，凸眉鼓眼，高鼻獠牙，张口衔珠，龙须向后飘逸。后部中空，两侧各有 1 个钉孔。施绿、赭、黄色釉。瓷土胎，胎色粉红。

Tri-colored Dragon-Headed Set of Beast

Tang Dynasty (618-907)

Length 24; Width 13.5; Height 17.5cm

Excavated from Huangpu YaoZhou Kiln Site in 1985

Collection of YaoZhou Kiln Museum

11

狮范模

唐代（618~907 年）

Ⅰ 型：瓷土胎，素烧。长 6.3 厘米

Ⅱ 型：瓷土胎，素烧。长 17.4、宽 12.9、
厚 6 厘米

1985 年黄堡耀州窑遗址出土

耀州窑博物馆藏

长椭圆形，内阴刻蹲狮。狮首有鬃
毛，中刻"王"字。模背面刻"张作"二字。胎色灰白。
前后合模，模内刻一蹲狮，鬃毛成束。模外刻
十字交叉吻合记号，布满锥刺纹，并刻"田思
审"三字。

Loin Figure Mould

Tang Dynasty (618-907)

Type I: Length 6.3cm

Type II: Length 17.4cm, Width 12.9cm, Thickness
6cm

Excavated from Huangpu YaoZhou Kiln Site in 1985

Collection of YaoZhou Kiln Museum

12

琉璃筒瓦

唐代（618~907 年）

长 26.5、窄 端 宽 9.7、宽 端 宽 10.5、厚
1.1~2.1 厘米

1985 年黄堡耀州窑遗址出土

耀州窑博物馆藏

凸面施琉璃绿色釉，凹面露胎有布纹，接头露
胎，瓷土胎，色粉红。

Coloured Glaze Imbrex（Rooftile）

Tang Dynasty (618-907)

Length 26.5cm, Narrow Side is 9.7cm

Wide Side 10.5cm, Thickness 1.1-2.1cm

Excavated from Huangpu YaoZhou Kiln Site in 1985

Collection of YaoZhou Kiln Museum

13

黑釉敛口钵

唐代（618~907 年）

口径 13.2、高 11.5 厘米

1986 年黄堡耀州窑遗址出土

耀州窑博物馆藏

敛口，圆鼓腹下斜，饼足。施黑釉，外腹釉不
到底。胎色灰白。

**Black-Glazed Alms Bowl with
Contracted Mouth**

Tang Dynasty (618-907)

Diameter 13.2cm, Height 11.5cm

Excavated from Huangpu YaoZhou Kiln Site in
1986

Collection of YaoZhou Kiln Museum

14

黑釉兽面枕

唐代（618~907 年）

通高 10、长 15.2、宽 11 厘米

黄堡耀州窑遗址出土

耀州窑博物馆藏

枕面六曲花形，两车轮为侧壁，正壁模印兽面，
方形底座。通体施黑釉。釉色绀黑。底露胎，
胎灰白。

Black-Glazed Animal-shaped Pillow

Tang Dynasty (618-907)

Height 10cm, Length15.2cm, Width 11cm

Excavated from Huangpu YaoZhou Kiln Site

Collection of YaoZhou Kiln Museum

15

黑釉唾盂

唐代（618~907 年）

高 12、口径 16.5、底径 9 厘米

黄堡耀州窑遗址出土

耀州窑博物馆藏

敞口、斜弧壁、束颈、溜肩、垂腹、饼足。通
体施黑釉，色绀黑光亮。足露胎、色灰白。

Black-Glazed Spittoon

Tang Dynasty (618-907)

Height 12cm, Diameter 16.5cm, Bottom9cm

Excavated from HuangpuYaoZhou Kiln Site

Collection of YaoZhou Kiln Museum

16

黑釉剔花填白彩双系瓶

唐代（618~907年）

口径5.4、底径7.3、高29厘米

耀州窑博物馆藏

盘口斜沿，丰肩贴扁平双系，长椭圆形壶腹，饼足外撇。通体施黑釉，壶腹剔釉深刻梅、菊纹填白彩，足露胎。

Black-Glazed Vase with Engraved White Flowers

Tang Dynasty (618-907)
Diameter 5.4cm, Bottom 7.3cm, Height 29cm
Collection of YaoZhou Kiln Museum

17

黑釉贴花龙首流壶

唐代（618~907年）

口径9.7、足径10、高20.3厘米

2003年黄堡耀州窑遗址出土

耀州窑博物馆藏

侈口，卷沿，束颈，丰肩，肩安龙首形流，另
一侧贴双棱形曲柄，圆鼓腹，饼足。流下贴一
兽面，肩部对称贴塑一团花。内外通体施黑釉，
釉色漆黑光亮。足露胎，色土黄。

Dragon Head Black-Glazed Ewer with Applied Flowers

Tang Dynasty (618-907)

Diameter 9.7cm, Bottom10cm, Height 20.3cm

Excavated from Huangpu YaoZhou Kiln Site in 2003

Collection of YaoZhou Kiln Museum

18

黑釉塔式盖罐

唐代（618~907 年）

口径 8.8、底座 20.2、通高 51.5 厘米

1972 年黄堡耀州窑遗址新村唐墓出土

耀州窑博物馆藏

罐由罐盖、罐身、底座组成。罐盖模拟塔刹相
轮，顶塑一半蹲卧状小猴，左爪搭头顶作眺望
状，右爪下垂。罐小直口，球形腹下收，下部
堆贴一周仰莲。两层八边须弥座，底层四边须
弥座龛中各贴塑兽首，四角塑力士托举顶层台。
顶层四面正中各塑结跏趺坐佛像，四角塑展翅
欲飞的瑞鸟。通体施黑釉，釉色漆黑，光可鉴人。

**Black-Glazed Tower-Shaped Jar with
Cover**

Tang Dynasty (618-907)

Diameter 8.8cm, Bottom Stand 20.2cm, Height
51.5cm

Excavated from Tang Tomb New Village in Huangpu
YaoZhou Kiln Site in 1972

Collection of YaoZhou Kiln Museum

19

黑釉瓜棱腹执壶

唐代（618~907 年）

通高 21.8、口径 8.8、底径 6.2 厘米

黄堡耀州窑遗址出土

耀州窑博物馆藏

卷唇，束颈。圆肩，饰有弦纹。瘦长腹，腹
饰瓜棱。圆短流，扁平条形曲柄，圆饼足。
通体施黑釉，釉面光亮，釉不到底。胎黑灰。

**Black-Glazed Pumkin-Ridge-Shaped
Pitcher**

Tang Dynasty (618-907)

Height 21.8cm, Diameter 8.8cm, Bottom 6.2cm

Excavated from Huangpu YaoZhou Kiln Site

Collection of YaoZhou Kiln Museum

20

素胎黑彩盘

唐代（618~907 年）

口径 16.6、高 3.8 厘米

黄堡耀州窑遗址出土

耀州窑博物馆藏

敞口，圆唇，浅沿，坦底，圈足。外施黑釉不到底，内沿绘五曲黑彩，底绘五瓣梅花，外围绘五个单瓣花纹。胎色土黄。

White Roughcast Black-Glazed Palte

Tang Dynasty (618-907)

Diameter 16.6cm, Height 3.8cm

Excavated from Huangpu YaoZhou Kiln Site

Collection of YaoZhou Kiln Museum

21

素胎黑彩钵

唐代（618~907 年）

口径 8.7、足径 4.7、高 5.2 厘米

黄堡耀州窑遗址出土

耀州窑博物馆藏

直口，宽平沿，鼓腹，下部斜收，饼足。内沿
以下施黑釉，沿及外腹上化妆土后，用黑彩绘
朵花。外下腹及足露胎，胎色灰白。

White Roughcast Black-Glazed Alms Bowl

Tang Dynasty (618-907)

Diameter 8.7cm, Bottom 4.7cm, Height 5.2cm

Excavated from Huangpu YaoZhou Kiln Site

Collection of YaoZhou Kiln Museum

22

茶叶末釉瓜棱形执壶

唐代（618~907 年）
口径 9.4、底径 7.9、高 24.6 厘米
1991 年黄堡耀州窑遗址出土
耀州窑博物馆藏

喇叭形口，束颈，丰肩，瓜棱状圆鼓腹下收，
饼足外撇。通体施茶叶末釉，足露胎，胎色土黄。

Tea-colored-glazed Melon-ridge-shaped Pitcher

Tang Dynasty (618-907)
Diameter 9.4cm, Bottom 7.9cm, Height 24.6cm
Excavated from Huangpu YaoZhou Kiln Site in 1991
Collection of YaoZhou Kiln Museum

23

黄釉碗

唐代（618~907 年）

口径 15.1、足径 7.6、高 5 厘米

2003 年黄堡耀州窑遗址出土

耀州窑博物馆藏

敞口，圆唇，斜壁，坦底，饼足。通体施黄釉，
外施釉不到底。胎色土黄。

Yellow-Glazed Bowl

Tang Dynasty (618-907)

Diameter 15.1cm, Bottom 7.6cm, Height 5cm

Excavated from Huangpu YaoZhou Kiln Site in 2003

Collection of YaoZhou Kiln Museum

24

茶叶末釉人首形埙

唐代（618~907 年）

高 5.4 厘米

黄堡耀州窑遗址出土

耀州窑博物馆藏

埙作翁首形，双圆孔眼，凸鼻，长条孔形嘴，矮圆髻。髻、发施浅色茶叶末釉，嘴下三条飘逸的深色茶叶末釉胡须，余则露胎，胎色土黄。

Tea-dust Glazed Head-Shaped Xun(musician instrument)

Tang Dynasty (618-907)
Height 5.4cm
Excavated from Huangpu YaoZhou Kiln Site
Collection of YaoZhou Kiln Museum

25

白釉盒

唐代（618~907 年）

口径 10.2、足径 5.1、通高 7.1 厘米

黄堡耀州窑遗址出土

耀州窑博物馆藏

盖隆顶，直壁，母口。盒子口，折腹向内斜收，圈足。盒内底、盖内施茶叶末釉，口、足露胎，余则施白釉。胎色土黄。

White-Glazed Box

Tang Dynasty (618-907)
Diameter 10.2cm, Bottom 5.1cm, Height 7.1cm
Excavated from Huangpu YaoZhou Kiln Site
Collection of YaoZhou Kiln Museum

26

黄釉执壶

唐代（618~907 年）
底径 10、高 24.5 厘米
耀州窑博物馆藏

喇叭形敞口，沿外翻，束颈，丰肩，鼓腹，饼
足。肩贴八棱锥形短流，另一侧贴双曲扁平柄。
施黄釉不到底，足露胎。

Yellow-Glazed Pitcher

Tang Dynasty (618-907)
Diameter 10cm, Height 24.5cm
Collection of YaoZhou Kiln Museum

27

白釉双系瓶

唐代（618~907年）
口径 8.2、底径 15.5、高 31.5 厘米
1972 年黄堡耀州窑遗址新村唐墓出土
耀州窑博物馆藏

喇叭口，束颈，丰肩，肩贴扁平桥形双系。长
弧腹，饼足，肩、颈部各施两道凸弦纹。上化
妆土后施白釉不到底，釉色泛黄，胎色土黄。

White-Glazed Vase with Two Handles

Tang Dynasty (618-907)
Diameter 8.2cm, Bottom 15.5cm, Height 31.5cm
Excavated from Tang Dynasty Tomb New Village in
Huangpu YaoZhou Kiln Site
Collection of YaoZhou Kiln Museum

28

白釉绿彩净瓶

唐代（618~907 年）
口径 6.5、足径 10.3、高 37.5 厘米
黄堡耀州窑遗址出土
耀州窑博物馆藏

直口，螺旋形长颈，丰肩，肩部旋削一浅平台，鼓长腹下收至底外撇。肩部贴一直管形流，下置荷叶形柄。上化妆土后通体施白釉，肩、流点绘绿彩。胎色土黄。

White-Glazed Green-Colored"Bottle with Pure Water"

Tang Dynasty (618-907)
Diameter 6.5cm, Bottom 10.3cm, Height 37.5cm
Excavated from Huangpu YaoZhou Kiln Site
Collection of YaoZhou Kiln Museum

29

青釉荷叶式水盂

唐代（618~907 年）

口径 3、足径 4.3、高 8.3 厘米

黄堡耀州窑遗址出土

耀州窑博物馆藏

小敛口，溜肩圆腹，饼足。盖呈子口，沿较高，盖隆顶，设连杆形纽，纽边设上卷荷叶、荷叶划叶脉。通体施青釉，施釉前上化妆土，盖内、足部露胎，胎色灰白。

Celadon Water Container with a Lotus-Leaf-Shaped Lid

Tang Dynasty (618-907)

Diameter 3cm, Bottom 4.3cm, Height 8.3cm

Excavated from Huangpu YaoZhou Kiln Site

Collection of YaoZhou Kiln Museum

30

青釉葫芦形执壶

唐代（618~907 年）

口径 2.2、足径 7.3、高 19.2 厘米

耀州窑博物馆藏

葫芦形小口，束颈，溜肩，饰两组凸弦纹。圆
鼓腹，锥形长流，扁平柄，饼足。通体施青釉，
足露胎，胎色灰褐。

Celadon Gourd-Shaped Pitcher

Tang Dynasty (618-907)

Diameter 2.2cm, Bottom 7.3cm, Height 19.2cm

Collection of YaoZhou Kiln Museum

31

青釉印花盒

唐代（618~907 年）

口径 11.8、足径 7.1、高 4.3 厘米

黄堡耀州窑遗址出土

耀州窑博物馆藏

子口，浅腹，坦底，外腹下斜收，腹戳印花草，矮圈足。施青釉，内腹满釉，外釉不到底，足露胎。釉色灰青，玻璃质感强，胎黑灰，有铁点。

Celadon Box with Printed Design of Flowers

Tang Dynasty (618-907)

Diameter 11.8cm, Bottom 7.1cm, Height 4.3cm

Excavated from Huangpu YaoZhou Kiln Site6

Collection of YaoZhou Kiln Museum

32

青釉盘口瓶

唐代（618~907 年）

口径 3.7、底径 4、高 9.3 厘米

黄堡耀州窑遗址出土

耀州窑博物馆藏

盘口、束颈、广斜肩、鼓腹、饼足。外施青釉，
施釉前上化妆土，釉色泛黄，玻璃质感强，有
细碎开片。足露胎，色土黄。

Celadon Vase with Plate-Shaped Rim

Tang Dynasty (618-907)

Diameter 3.7cm, Bottom4cm, Height 9.3cm

Excavated from Huangpu YaoZhou Kiln Site

Collection of YaoZhou Kiln Museum

33

褐釉蟾蜍

唐代（618~907 年）

长 10、高 3.6 厘米

黄堡耀州窑遗址出土

民间收藏

蹲姿、昂首、鼓目、闭嘴、前肢支地、后肢弯曲、背部密布圆疙瘩。模制、中空、底有圆孔。施稀薄褐釉，底露胎，色浅灰白，质地坚硬。

Brown-Glazed Pottery Toad

Tang Dynasty (618-907)

Length 10, height 3.6cm

Excavated from Yaozhou klin, Huangbu, Tongchuan city

Private Collection

五代 青瓷

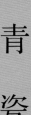

五代耀州窑一改唐代多品种的特征，转入单一青瓷的烧造格局。青瓷的釉色纯净，造型多样，还出现了仿金银器造型和天青釉色的高档瓷。划花装饰和高浮雕的立体雕花装饰成为该窑的独创工艺。

34

青釉敛口碗

五代（907~960年）

口径12.4、足径4.4、高5.5厘米

黄堡耀州窑遗址出土

耀州窑博物馆藏

敛口，尖唇，弧腹，圜底，圈足。满釉，裹足，
足跟三团托珠。釉色灰青，胎色灰黑。

Celadon Bowl with Contracted Mouth

Five Dynasties (907-960)

Diameter 12.4cm, Bottom 4.4cm, Height 5.5cm

Excavated from YaoZhou Kiln

Collection of YaoZhou Kiln Museum

35
青釉敞口碗

五代（907~960 年）

口径 14、足径 4、高 4.5 厘米

2004 年西安西大街出土

民间收藏

敞口，尖圆唇，斜壁，矮圈足，小坦底下凹。通体施青釉，釉色天青，足跟刮釉。胎白色，质细。

Celadon Bowl with Opened Mouth

Five Dynasties (907-960)

Diameter 14cm, Bottom 4cm, Height 4.5cm

Excavated from West Street of Xi'an in 2004

Collected from folk

36

青釉高足杯

五代（907~960 年）
口径 6.8、底径 9.3、高 6.8 厘米
1986 年黄堡耀州窑遗址出土
耀州窑博物馆藏

敞口，卷唇，深弧腹，腹饰三道弦纹，喇叭式
高足。施青釉，足跟露胎。

Celadon Stem Cup

Five Dynasties (907-960)
Diameter 6.8cm, Bottom 9.3cm, Height 6.8cm
Excavated from YaoZhou Kiln in 1986
Collection of YaoZhou Kiln Museum

37

青釉葵口碗

五代（907~960 年）
口径 17.5、足径 7.4、高 7.1 厘米
1986 年黄堡耀州窑遗址出土
耀州窑博物馆藏

五曲花口，尖唇外卷，斜直腹，腹饰瓜棱，圜底，
圈足。通体上化妆土后施青釉，裹足，足跟有
三团沙粒托珠，釉色天青。胎色灰白，质细。

Celadon Bowl with Sunflower Mouth

Five Dynasties (907-960)
Diameter 17.5cm, Bottom 7.4cm, Height 7.1cm
Excavated from YaoZhou Kiln in1986
Collection of YaoZhou Kiln Museum

38

青釉葵口盘

五代（907~960 年）

口径 16.7、足径 4.1、高 3.2 厘米

黄堡耀州窑遗址出土

耀州窑博物馆藏

五葵口，圆唇、坦底、圈足。满施青釉，釉色
淡青，足跟刮釉。胎色灰黑。

Celadon Plate with Sunflowers Mouth

Five Dynasties (907-960)

Diameter 16.7cm, Bottom 4.1cm, Height 3.2cm

Excavated from YaoZhou Kiln

Collection of YaoZhou Kiln Museum

39

青釉"官"字款碗底标本

五代（907~960 年）

黄堡耀州窑遗址出土

耀州窑博物馆藏

残碗底，胎黑灰，施青釉，裹足，足跟留有托珠。
碗外底阴刻楷书"官"字款，笔画严谨，字迹
工整。

Celadon Bowl with "Guan" Mark

Five Dynasties (907-960)

Excavated from YaoZhou Kiln

Collection of YaoZhou Kiln Museum

40

青釉花口渣斗

五代（907~960年）
口径9.3、足径10.3、高22.8厘米
1990年黄堡耀州窑遗址出土
耀州窑博物馆藏

花形敞口、直颈外撇、溜肩、圆腹、圈足。通
体施青釉，釉色滋润，釉面光亮。足跟刮釉，
胎色棕褐。

Celadon Spittoon with Floral Rim

Five Dynasties (907-960)
Diameter 9.3cm, Bottom 10.3cm, Height 22.8cm
Excavated from YaoZhou Kiln in 1990
Collection of YaoZhou Kiln Museum

41

青釉多折碗

五代（907~960 年）

口径 15、足径 5.4、高 5.4 厘米

1985 年黄堡耀州窑遗址出土

耀州窑博物馆藏

Celadon Bowl with Bend

Five Dynasties (907-960)

Diameter 15cm, Bottom 5.4cm, Height 5.4cm

Excavated from YaoZhou Kiln in 1985

Collection of YaoZhou Kiln Museum

十曲花口、弧腹，圜底，圈足。满釉，足跟刮釉，胎色灰黄。

42

青釉瓜棱腹盖壶

五代（907~960 年）

口径 3.6、底径 6.8、高 18 厘米

1985 年黄堡耀州窑遗址出土

耀州窑博物馆藏

小直口，圆肩，圆鼓腹，腹饰瓜棱，肩贴长曲流，对应一边贴扁平双曲柄。圈足，盖隆起，顶贴莲杆纽。施青釉，色灰青，足跟刮釉，弧腹有一叶形褐斑纹。

Celadon Pumpkin-Prism-Shaped Kettle

Five Dynasties (907-960)

Diameter 3.6cm, Bottom 6.8cm, Height 18cm

Excavated from YaoZhou Kiln in 1985

Collection of YaoZhou Kiln Museum

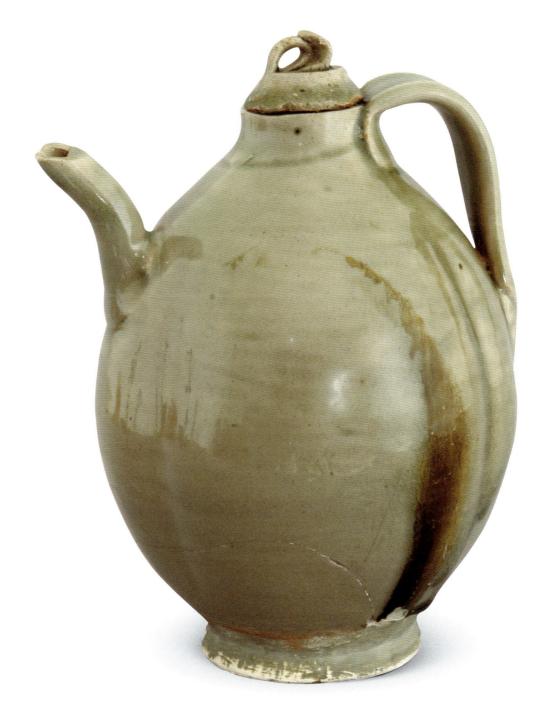

43

青釉蹲式盖壶

五代（907~960 年）

口径 4、底径 8.6、高 19.2 厘米

1988 年耀州窑遗址出土

耀州窑博物馆藏

直口，长颈，斜平肩，肩贴翘直流，另一边贴
扁平双曲柄。盖隆顶，呈二层台，边饰小孔，
钻尖圆纽。矮鼓腹下收，圈足外撇。施青釉，
色灰青，足跟刮釉，胎色灰黑。

Celadon Squartting Kettle with Lid

Five Dynasties (907-960)

Diameter 4cm, Bottom 8.6cm, Height 19.2cm

Excavated from YaoZhou Kiln in1988

Collection of YaoZhou Kiln Museum

44

青釉划花菊纹碗

五代（907~960 年）

口径 18.5、足径 7.6、高 5.3 厘米

黄堡耀州窑遗址出土

耀州窑博物馆藏

敞口，卷沿，弧腹，坦底，圈足。内底划饰团菊纹，内壁划饰卷草纹。通体上化妆土后施青釉，裹足，釉色淡青。

Celadon Bowl with Draw Chrysanthemum Design

Five Dynasties (907-960)

Diameter 18.5cm, Bottom 7.6cm, Height 5.3cm

Excavated from YaoZhou Kiln

Collection of YaoZhou Kiln Museum

45

青釉划花鱼莲纹四系瓶

五代（907~960 年）

底径 10.3、残高 23 厘米

1985 黄堡耀州窑遗址出土

耀州窑博物馆藏

直口，口沿下出台。丰肩，长腹下收，喇叭形
底外撇，肩，近底处对称四个长方桥形系。壶
腹刻划两组对称的肥鱼莲花纹。施青釉，色灰
青，足底露胎，色褐红。

Celadon Vase with Four Ears Handlesw

Five Dynasties (907-960)

Diameter 10.3cm, Spoiled Height 23cm

Excavated from YaoZhou Kiln in 1985

Collection of YaoZhou Kiln Museum

46

青釉葵口盏托

五代（907~960 年）
口径 15.4、底径 9.6、高 3.4 厘米
黄堡耀州窑遗址出土
耀州窑博物馆藏

尖唇内折，葵口宽沿，浅斜腹，坦底，中心有
凸圆台托口，高圈足外撇。满施青釉，色灰青，
足跟刮釉，露胎，胎黑灰。

Celadon Cup Stand with Sunflower Mouth

Five Dynasties (907-960)
Diameter 15.4cm, Bottom 9.6cm, Height 3.4cm
Excavated from YaoZhou Kiln
Collection of YaoZhou Kiln Museum

47

青釉划花牡丹纹套盒

五代（907~960 年）
口径 13.5、足径 16、高 6 厘米
1986 年黄堡耀州窑遗址出土
耀州窑博物馆藏

八曲形，敞口，有供套装的子口沿，浅斜腹，
高圈足。内底划饰牡丹纹，壁划饰卷草纹。圈
足两条凸宽带，间剔刻四个壶门，壶门之间划
饰朵花。通体施青釉，釉色微黄，胎色淡白。
足跟擦釉露胎，色呈火石红。

Celadon Box with Draw Peony Design

Five Dynasties (907-960)
Diameter 13.5cm, Bottom 16cm, Height 6cm
Excavated from YaoZhou Kiln in1986
Collection of YaoZhou Kiln Museum

48

青釉六兽足器座

五代（907~960 年）
底径 25、高 15.6 厘米
黄堡耀州窑遗址出土
耀州窑博物馆藏

器座四层往上递减，底层六兽足外撇，二层每
面雕花形壶门，三四层雕肥厚覆莲瓣，顶层有
圆柱形穿口。通体施青釉，釉色灰青。

Celadon Stand with Six Beast Feet

Five Dynasties (907-960)
Diameter 25cm, Height 15.6cm
Excavated from YaoZhou Kiln
Collection of YaoZhou Kiln Museum

49

青釉贴塑瑞兽力士莲瓣纹烛台

五代（907~960 年）
底径 12、高 17 厘米
陕北墓葬出土
民间收藏

烛台圆柱形，自下而上分层递减，分别贴塑覆莲瓣、串珠、蹲兽、莲瓣、力士。蹲兽背托敞口盏，盏中央置柱形烛管。力士背靠烛管，头顶小盏。烛管刻叠垒仰莲。通体施青釉，釉色青翠滋润，胎白色。底露胎，色火石红。

Celadon Candelabrum with Plastic Coated Design of Auspicious Animal and Rikishi

Five Dynasties (907-960)
Diameter 12cm, Height 17cm
Excavated from a Tomb in the North of Shaanxi
Private donation

50

青釉剔花牡丹纹执壶

五代（907~960 年）

口径 4.4、足径 9.5、高 19 厘米

耀州窑博物馆藏

直口，圆唇，长颈，平肩。肩部贴长斜直流，另一端贴扁平曲柄，颈肩之间出台。圆鼓腹，圈足外撇。壶腹满饰剔刻大瓣牡丹纹，流、柄划饰几何纹。通体施青釉，足跟刮釉，胎色淡白。

Celadon Pitcher with Design Peony tick

Five Dynasties (907-960)

Diameter 4.4cm, Bottom 9.5m, Height 19cm

Collection of YaoZhou Kiln Museum

51

天青釉耳杯

五代（907~960 年）
口径 10.9、高 3.2 厘米
1986 年黄堡耀州窑遗址出土
耀州窑博物馆藏

杯体呈耳形，口沿四曲，尖圆唇，直口，
弧腹，平底。施青釉，色天青，胎白色。

Celeste-Glaze Cup

Five Dynasties (907-960)
Diameter 10.9cm, Height 3.2cm
Excavated from YaoZhou Kiln in 1986
Collection of YaoZhou Kiln Museum

52

天青釉杯

五代（907~960 年）
口径 10.8、足径 6.6、高 6 厘米
1986 年黄堡耀州窑遗址出土
耀州窑博物馆藏

敞口、弧腹，坦底，圈足微撇。通体施青釉，
釉色天青、滋润。足跟刮釉露胎，胎色淡白，
质细。

Celeste-Glaze Cup Stand

Five Dynasties (907-960)
Diameter 10.8cm, Bottom 6.6cm, Height 6cm
Excavated from YaoZhou Kiln in 1986
Collection of YaoZhou Kiln Museum

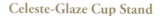

53

天青釉镂孔盏托

五代（907~960 年）

口径 13.2、足径 4.6、通高 5 厘米

1986 年黄堡耀州窑遗址出土

耀州窑博物馆藏

托杯敞口，圆唇，斜直腹，高出托盘。沿下等距贴塑 6 只飞凤纹，飞凤下雕镂孔。托盘曲形花口，斜弧腹，高圈足外撇，盘腹等距饰 5 个花形镂孔。通体施青釉，足跟刮釉，釉色天青，釉面滋润，胎白色。

Celeste-Glaze Stand

Five Dynasties (907-960)

Diameter 13.2cm, Bottom 4.6cm, Height 5cm

Excavated from YaoZhou Kiln in 1986

Collection of YaoZhou Kiln Museum

54

天青釉杯、盏托

五代（907~960 年）

杯：口径 8.5、足径 4.9、高 5.8 厘米

盏托：口径 15.1，足径 9.1、通高 3.5 厘米

耀州窑博物馆藏

杯呈六曲花口，折腹，喇叭形高足，坦底，圈足。盏托五葵口，宽折沿，浅弧腹，中央凸起，外一周印饰莲瓣纹。杯、托通体施青釉，釉色天青，釉面滋润，胎色淡白。杯、托足跟刮釉露胎，色呈火石红。

Celeste-Glaze Cup and Cup Stand

Five Dynasties (907-960)

Cup:Diameter 8.5cm, Bottom 4.9cm,Height 5.8cm;

CupStand:Diameter 15.1cm, Bottom 9.1cm, Height 3.5cm

Collection of YaoZhou Kiln Museum

55

天青釉剔花牡丹纹凤首壶

五代（907~960 年）

口径 5.4、足径 11.4、高 20.8 厘米

1986 年黄堡耀州窑遗址出土

陕西省考古研究院藏

敞口，尖圆唇，长直颈微束。圆肩、鼓腹、圈足外撇。肩贴凤首形流及棱形曲柄，颈饰两组弦纹，腹剔刻牡丹纹。通体施青釉、色天青，釉汁滋润，胎色淡白。足跟刮釉，色火石红。

Celeste-Glaze Kettle wit Phoenix Head

Five Dynasties (907-960)

Diameter 5.4cm, Bottom 11.4cm, Height 20.8cm

Excavated from YaoZhou Kiln in 1986

Collection of Archaeology Institute of Shaanxi province

56

天青釉柳编纹杯

五代（907~960 年）

口径 9.8、底径 3.5、高 4.8 厘米

1986 年黄堡耀州窑遗址出土

耀州窑博物馆藏

直口，圆唇，深弧腹，坦底。外沿下饰一周凹弦纹，弦纹以下通体模印柳编纹。施青釉，釉色淡天青，胎白色。

Celeste-Glaze Cup with Wicker Pattern

Five Dynasties (907-960)

Diameter 9.8cm, Bottom 3.5cm, Height 4.8cm

Excavated from YaoZhou Kiln in 1986

Collection of YaoZhou Kiln Museum

57

青釉划花牡丹纹盘口瓶

五代（907~960 年）

口径 10.9、足径 11.5、高 33.1 厘米

耀州窑博物馆藏

盘口，束长颈，折肩，鼓腹，下斜收，饼足外撇。
口沿内划团菊纹，外及颈部划卷草纹，肩划莲
瓣纹，腹划大朵缠枝牡丹纹。釉前加施化妆土，
满施青釉，色青灰，底露胎，色灰黑。

Celadon Vase with Draw Peony Design

Five Dynasties (907-960)

Diameter 10.9cm, Bottom 11.5cm, Height 33.1cm

Collection of YaoZhou Kiln Museum

宋代

瓷器

宋代是耀州窑发展的鼎盛时期。瓷业规模庞大，器物造型、装饰质量均属上乘，尤以青瓷刻花工艺异军突起，独树一帜。印花青瓷装饰题材丰富，布局规整，工艺出类拔萃，为诸窑之冠。

58

青釉五出筋碗

北宋（960~1127 年）

口径 11.3、足径 9.2、高 5.9 厘米

黄堡耀州窑遗址出土

耀州窑博物馆藏

敞口，圆唇，深腹，坦底，有凹圈，圈足，口沿下饰弦纹，内壁五出筋。施青釉，足露胎，色褐红。

Celadon Bowl with Five Lines Decoration

Northern Song Dynasty (960-1127)

Diameter 11.3cm, Bottom 9.2cm, Height 5.9cm

Excavated from YaoZhou Kiln

Collection of YaoZhou Kiln Museum

59

青釉花口六出筋盘

北宋（960~1127 年）

口径 18.4 、足径 5.4、高 5.2 厘米

黄堡耀州窑遗址出土

耀州窑博物馆藏

喇叭式六曲花口，弧腹，内凸，外凹六出筋，

坦底，凹圈，圈足。施青釉，色青绿。足跟露胎，

色灰白。

Celadon Plate with Floral Rim

Northern Song Dynasty (960-1127)

Diameter 18.4cm, Bottom 5.4cm, Height 5.2cm

Excavated from YaoZhou Kiln

Collection of YaoZhou Kiln Museum

60

青釉花口六曲碗

北宋（960~1127 年）

口径 11.9、足径 4.3、高 5.5 厘米

1954 年彬县窖藏出土

耀州窑博物馆藏

六曲花口，折沿，斜弧腹，内凸，外凹六出筋，
坦底，凹圈，圈足。施青釉，足跟露胎，色灰白。

Celadon Bowl with Floral Rim

Northern Song Dynasty (960-1127)

Diameter 11.9cm, Bottom 4.3cm, Height 5.5cm

Excavated from Bin county of Shaanxi in 1954

Collection of YaoZhou Kiln Museum

61

青釉素面洗

北宋（960~1127 年）
口径 12、底径 4.4、高 3.2 厘米
1954 年彬县窖藏出土
耀州窑博物馆藏

斜平沿外翻，浅弧腹，坦底，凹圈，圈足。施
青釉，足跟露胎，色灰白。

Celadon Basin

Northern Song Dynasty (960-1127)
Diameter 12cm, Bottom 4.4cm, Height 3.2cm
Excavated from Bin County in Shaanxi in 1954
Collection of YaoZhou Kiln Museum

62

青釉子母盒

北宋（960~1127 年）

口径 9.7、底径 4.5、高 3.7 厘米

1981 年黄堡耀州窑遗址出土

耀州窑博物馆藏

子口，浅弧腹，坦底，圈足。母盒内三个小
子盒呈"品"字排列，正中贴塑莲苞，子盒
间贴饰莲梗伸向母盒壁，莲头分塑莲实、荷叶、
莲蕾。施青釉，其中两子盒施酱釉，底露胎，
色土黄。

Celadon Boxes

Northern Song Dynasty (960-1127)

Diameter 9.7cm, Bottom 4.5cm, Height 3.7cm

Excavated from YaoZhou Kiln in 1981

Collection of YaoZhou Kiln Museum

64

青釉刻花牡丹纹碗

北宋（960~1127 年）

口径 11.8、足径 4.5、高 5 厘米

民间收藏

侈口，沿外翻，深弧腹，坦底，圈足。外腹深刻牡丹纹，内壁六出筋。通体施青釉，釉色泛黄，足跟刮釉，胎色灰白。

Celadon Bowl with Carved Peony Design

NorthernSong Dynasty (960-1127)

Diameter 11.8cm, Bottom 4.5cm, Height 5cm

Private Donation

63

青釉刻花莲纹碗

北宋（960~1127 年）

口径 14.6、足径 5.9、高 7 厘米

耀州窑博物馆藏

敞口，圆唇，弧腹，外壁刻三层叠错莲瓣纹，
坦底，凹圈足。施青釉，色橄榄绿，足跟露胎。

Celadon Bowl with Carved Lotus Design

Northern Song Dynasty (960-1127)

Diameter 14.6cm, Bottom 5.9cm, Height 7cm

Collection of YaoZhou Kiln Museum

65

青釉刻花菊纹碗

北宋（960~1127 年）

口径 15、足径 5.2、高 5.2 厘米

耀州窑博物馆藏

敞口，尖圆唇，弧腹，外壁刻缠枝菊纹，坦底，
凹圈足。施青釉，色青绿。底露胎，色灰白。

**Celadon Bowl with Carved
Chrysanthemum Design**

Northern Song Dynasty (960-1127)

Diameter 15m, Bottom 5.2cm, Height 5.2cm

Collection of YaoZhou Kiln Museum

66

青釉刻花菊纹唾盂

北宋（960~1127 年）

口径 15.3、底径 3.4、高 6.7 厘米

铜川市耀县出土

耀州窑博物馆藏

敞口，斜弧沿，内沿刻缠枝菊纹，束腰，鼓腹，
平底，凹圈。施青釉，色翠绿。底露胎，色灰白。

**Celadon Spittoon with Carved
Chrysanthemums Design**

Northern Song Dynasty (960-1127)

Diameter 15.3cm, Bottom 3.4cm, Height 6.7cm

Excavated from Yao county in TongChuan

Collection of YaoZhou Kiln Museum

67

青釉刻花菊纹碗

北宋（960~1127 年）

口径 22.3、足径 4.5、高 8 厘米

黄堡耀州窑遗址出土

耀州窑博物馆藏

敞口，翻沿，斜直腹，小坦底，圈足。内壁满
刻团菊纹，外壁满刻缠枝牡丹纹。施青釉，底
露胎，色灰白。

**Celadon Bowl with Carved
Chrysanthemums Design**

Northern Song Dynasty (960-1127)
Diameter 22.3cm, Bottom 4.5cm, Height 8cm
Excavated from YaoZhou Kiln
Collection of YaoZhou Kiln Museum

68

青釉刻花三鱼水波纹碗

北宋（960~1127 年）
口径 11.9、足径 3.5、高 4.8 厘米
1972 年黄堡耀州窑遗址出土
耀州窑博物馆藏

敞口，弧腹，小圆底，圈足。碗内刻三条游鱼，
篦划水波衬底。施青釉，足跟露胎，色灰白。

Celadon Bowl with Carved Ripples and Fish Design

Northern Song Dynasty (960-1127)
Diameter 11.9cm, Bottom 3.5cm, Height 4.8cm
Excavated from YaoZhou Kiln in 1972
Collection of YaoZhou Kiln Museum

69

青釉六曲刻花菊纹注碗

北宋（960~1127 年）

口径 14.2、底径 4.6、高 6.6 厘米

黄堡耀州窑遗址出土

耀州窑博物馆藏

六曲折腹花口，圜底，凹圈，平底内凹，外腹
刻折枝菊纹。施青釉，底露胎，色褐红。

Celadon Six-lobed Bowl with Carved hrysanthemums Design

Northern Song Dynasty (960-1127)

Diameter 14.2cm, Bottom 4.6cm, Height 6.6cm

Excavated from YaoZhou Kiln

Collection of YaoZhou Kiln Museum

71

青釉刻花牡丹纹盘

北宋（960~1127 年）

口径 19.5、足径 6、高 5.5 厘米

2003 年西安市西大街出土

民间收藏

敞口、翻沿、浅弧腹、坦底、矮圈足。内刻交
枝牡丹纹，外刻折扇纹。施青釉，色橄榄绿，
面光亮。足跟露胎，色灰白。

**Celadon Plate with Carved Peony
Design**

Northern Song Dynasty (960-1127)

Diameter 19.5cm, Bottom 6cm, Height 5.5cm

Excavated from West-Street of Xi'an in 2003

Private Donation

70

青釉刻花牡丹纹碗

北宋（960~1127 年）

口径 14.9、足径 3.9、高 4.8 厘米

2003 年西安市西大街出土

耀州窑博物馆藏

敞口，圆唇，斜弧腹，圈底，内刻折枝牡丹纹，
外沿刻弦纹，圈足。施青釉，色翠绿。足跟露胎，
色褐红。

Celadon Bowl with Carved Peony Design

Northern Song Dynasty (960-1127)

Diameter 14.9cm, Bottom 3.9cm, Height 4.8cm

Excavated from West-Street of Xian in 2003

Collection of YaoZhou Kiln Museum

72

青釉刻花牡丹纹花口尊

北宋（960~1127 年）
口径 12.6、足径 5.8、高 11 厘米
1981 年黄堡耀州窑遗址出土
耀州窑博物馆藏

六瓣卷沿荷叶形花口外撇，长束颈，浅圆鼓腹，
高足微撇。荷叶形沿内出筋，腹、颈满刻牡丹
纹，高足上雕镂花形孔。施青釉，色青绿。足
底露胎，胎色土黄。

Celadon "Zun" with Floral Decoration Pony

Northern Song Dynasty (960-1127)
Diameter 12.6cm, Bottom 5.8cm, Height 11cm
Excavated from YaoZhou Kiln in 1981
Collection of YaoZhou Kiln Museum

73

青釉刻花柳斗纹钵

北宋（960~1127 年）

口径 7.2、底径 3.4、高 4.2 厘米

黄堡耀州窑遗址出土

耀州窑博物馆藏

敞口，平沿，束颈，下饰三道凸棱，圆鼓腹下收，
腹刻柳斗纹，圈足。施青釉，足跟露胎，色土黄。

Celadon Bowl Carved Flowers Design

Northern Song Dynasty (960-1127)

Diameter 7.2cm, Bottom 3.4cm, Height 4.2cm

Excavated from YaoZhou Kiln site

Collection of YaoZhou Kiln Museum

74

青釉刻花菊纹盖碗

北宋（960~1127 年）

直径 11.7、足径 4.5、高 10.5 厘米

耀州窑博物馆藏

直口，圆唇，鼓腹下收，圈足。盖宽平沿，子口，隆顶，贴莲杆纽。盖刻缠枝菊纹，碗腹刻缠枝朵菊纹。施青釉，色青绿。盖内、足底露胎，色土黄。

Celadon Bowl with Fitted Cover Carved Design of Chrysanthemums

Northern Song Dynasty (960-1127)

Diameter 11.7cm, Bottom 4.5cm, Height 10.5cm

Collection of YaoZhou Kiln Museum

75

青釉刻花牡丹纹盖盒

北宋（960~1127 年）

盖：直径 9.7、高 2.5 厘米

盒：口径 9.4、足径 6.5、高 5.4 厘米

耀州窑博物馆藏

盒敛口，圆唇，圆鼓腹，平底，腹底部饰一周
凹弦纹，坦足；盖：子口，平顶，窄弧沿，顶
边刻一周弦纹，顶面满刻折枝牡丹花。通体施
橄榄绿色青釉。盒唇、足、盖子口露胎、胎色
土黄。

Celadon Box with Lid with Carved Peony Design

Northern Song Dynasty (960-1127)

Cover:Diameter 9.7cm, Height 2.5cm;

Box: Diameter 9.4cm, Bottom 6.5cm, Height 5.4cm

Collection of YaoZhou Kiln Museum

76

青釉刻花牡丹纹执壶

北宋（960~1127 年）
口径 9.7、底径 8.8、高 25.4 厘米
1989 年铜川市耀州区出土
耀州窑博物馆藏

喇叭口，卷沿，长束颈，折肩，长弧腹，圈足
外撇。肩一侧贴长曲流，另一侧贴扁平双曲柄，
肩颈间贴对称如意头环形耳。肩、腹刻饰写意
牡丹纹。施青釉，色橄榄绿，底露胎，色灰白。

Celadon Pot with Carved Peony Design

Northern Song Dynasty(960-1127)
Diameter 9.7cm, Bottom 8.8cm, Height 25.4cm
Excavated from YaoZhou in TongChuan in 1989
Collection of YaoZhou Kiln Museum

77

青釉雕花牡丹纹壶

北宋（960~1127 年）

高 8、足径 4 厘米

黄堡耀州窑遗址出土

耀州窑博物馆藏

口、流、柄残。直口，短颈，溜肩，扁鼓腹，圈足外撇。肩刻叠错花叶，壶腹雕牡丹纹。施青釉，色青绿。足底露胎，色土黄。

Celadon Pot with Carved Peony Design

Northern Song Dynasty(960-1127)

Height 8cm, Bottom 4cm

Excavated from YaoZhou Kiln

Collection of YaoZhou Kiln Museum

78

青釉刻花莲口熏炉

北宋（960~1127 年）

口径 5.5、底径 7.4、高 7 厘米

黄堡耀州窑遗址出土

耀州窑博物馆藏

直口，平折肩，矮领，曲腹，腹贴莲瓣，束腰，
喇叭状台形高圈足。施青釉，色青绿。底露胎，
色浅灰。

**Celadon Censer with Lotus Rim and
Carved Flowers Design**

Northern Song Dynasty (960-1127)

Diameter 5.5cm, Bottom 7.4cm, Height 7cm

Excavated from YaoZhou Kiln

Collection of YaoZhou Kiln Museum

79

青釉镂空五足炉

北宋（960~1127 年）
直径 18.6、高 12.2 厘米
1994 年黄堡耀州窑遗址出土
耀州窑博物馆藏

直口，宽弧沿，筒形腹，束腰，腹镂空，坦底，五兽面足。沿面、腹刻折扇纹，足呈兽面、爪形。施青釉，色橄榄绿。

Celadon Incense Censer

Northern Song Dynasty (960-1127)
Diameter 18.6cm, Height 12.2cm
Excavated from YaoZhou Kiln in 1994
Collection of YaoZhou Kiln Museum

80

青釉镂空贴塑龙纹熏炉

北宋（960~1127 年）

复层套筒式，口径 9、底径 12.5、高 19.2
厘米

1994 年黄堡耀州窑遗址出土

耀州窑博物馆藏

直口微敛，弧沿外翻，刻折扇纹，套筒腹镂空，
腹贴塑三条行龙。喇叭式覆盘形高圈足四层台
递减，足腰一圈轮柄饰，平底。施青釉，色青
绿。内腔、底露胎，色灰白。

**Celadon Incense Censor with Dragon
Design**

Northern Song Dynasty (960-1127)
Diameter 9cm, Bottom 12.5cm, Height 19.2cm
Excavated from YaoZhou Kiln in 1994
Collection of YaoZhou Kiln Museum

81

青釉镂空熏炉

北宋（960~1127 年）

复层套筒式，直径18、底径11.4、高13
厘米

1984 年黄堡耀州窑遗址出土

耀州窑博物馆藏

直口微敛，宽弧沿，上刻直线纹。筒式腹、腹
饰三排镂孔，覆盘形高足，足腰一圈轮柄饰。
施青釉，色橄榄绿。腹腔、底露胎，色灰白。

Celadon Incense Censer

Northern Song Dynasty (960-1127)
Diameter 18cm, Bottom 11.4cm, Height 13cm
Excavated from YaoZhou Kiln in 1984
Collection of YaoZhou Kiln Museum

82

青釉花口渣斗

北宋（960~1127 年）

口径 12.2、底径 7.4、高 15 厘米

1990 年黄堡耀州窑遗址出土

耀州窑博物馆藏

敞口，九曲花瓣形，斜直沿，有与曲口对应的
内凸外凹的折棱。扁鼓腹，喇叭形高足外撇，
足面贴塑四个蹲兽。施青釉，底露胎，色灰白。

Celadon Spittoon with Floral Rim

Northern Song Dynasty (960-1127)

Diameter 12.2cm, Bottom 7.4cm, Height 15cm

Excavated from YaoZhou Kiln site in 1990

Collection of YaoZhou Kiln Museum

83

青釉雕花牡丹纹炉

北宋（960~1127 年）

直径 10.7、高 8 厘米

1984 年黄堡耀州窑遗址出土

耀州窑博物馆藏

直口，斜平沿，筒形腹下撇，斜平底，覆盘式
圈足。沿划饰花蔓草纹，腹刻三层大瓣牡丹花
叶。施青釉，色橄榄绿。腹内、足跟露胎，色
灰白。

Celadon Incense Censer with Carved
Decoration(Peony)

Northern Song Dynasty (960-1127)

Diameter 10.7cm, Height 8cm

Excavated from YaoZhou Kiln in 1984

Collection of YaoZhou Kiln Museum

84

青釉印花菊纹碗、印模

北宋（960~1127 年）

碗：口径 13、足径 4、高 6 厘米

印模：底径 15、高 9.3 厘米

1981 年黄堡耀州窑遗址出土

耀州窑博物馆藏

碗敞口，斜沿，尖唇，斜弧壁，小圈底，圈足。
内壁满印缠枝菊花纹，小圈地印团菊纹，外壁
刻折扇纹。通体施橄榄绿色青釉，足底露胎，
胎色土黄。

印模呈馒头状，瓷土胎，素烧。斜弧壁，尖圆
隆顶，内腔空，模面刻缠枝菊花纹。

**Celadon Bowl with Printed
Chrysanthemums Design Mould**

Northern Song Dynasty (960-1127)

Bowl: Diameter 13cm, Bottom 4cm, Height 6cm

Moulage: Bottom15cm, Height 9.3cm

Excavated from YaoZhou Kiln Site in 1981

Collection of YaoZhou Kiln Museum

85

青釉印花海水摩羯纹碗

北宋（960~1127 年）

口径 13.5、足径 3.7、高 5.7 厘米

1984 年黄堡耀州窑遗址出土

耀州窑博物馆藏

侈口，尖圆唇，斜弧深腹，圜底，圈足。碗内壁印 S 形龙头鱼身形摩羯，口沿下印两组对称的莲花、莲叶，圆弧形叠错海水波作衬底，外壁满刻折扇纹。通体施橄榄绿色青，釉面纯净。足底露胎，胎色土黄。

Celadon Bowl with Flowers and Makara Decoration

Northern Song Dynasty (960-1127)

Diameter 13.5cm, Bottom 3.7cm, Height 5.7cm

Excavated from YaoZhou Kiln Site in 1984

Collection of YaoZhou Kiln Museum

86

青釉印花折枝牡丹纹碗

北宋（960~1127 年）

口径 20、足径 5.5、高 6 厘米

西安市西大街出土

民间收藏

敞口，圆唇，斜壁，小坦底下凹，圈足。内壁
印折枝楼台牡丹纹，凹底印折枝叶，外壁刻折
扇纹。通体施橄榄绿色青釉，足底刮釉露胎，
色土黄。

**Celadon Bowl with Printed of Flowers
and Peony Spray**

Northern Song Dynasty (960-1127)

Diameter 20cm, Bottom 5.5cm, Height 6cm

Excavated from West-Street of Xi'an

Private Donation

87

青釉印花婴戏莲纹碗

北宋（960~1127 年）

口径 15.6、足径 3、高 4.5 厘米

黄堡耀州窑遗址出土

耀州窑博物馆藏

喇叭形大敞口，圆尖唇，斜直腹，小尖圆底，圈足。内壁印四婴攀莲纹，口沿外饰弦纹。施青釉，色灰青，足露胎。

Celadon Bowl with Printed Decoration(Flowers and Children-Playing)

Northern Song Dynasty (960-1127)

Diameter 15.6cm, Bottom 3cm, Height 4.5cm

Excavated from YaoZhou Kiln Site

Collection of YaoZhou Kiln Museum

88

青釉印花牡丹纹 "熙宁" 铭盏

北宋熙宁年间（1068~1077 年）
口径 9.9、足径 2.5、高 4.3 厘米
1959 年黄堡耀州窑遗址出土
耀州窑博物馆藏

喇叭形敞口，斜直腹，小尖圆底，圈足。盏内
印折枝牡丹纹，花心印楷书 "熙宁" 方框年款。
施青釉，色橄榄绿。底足露胎，色灰白。

Celadon Bowl with Relief Decoration (Peony) and "XiNing" Mark

Xining Reign, Northern Song Dynasty (1068-1077)
Diameter 9.9cm, Bottom 2.5cm, Height 4.3cm
Excavated from YaoZhou Kiln Site in 1959
Collection of YaoZhou Kiln Museum

89

青釉印花牡丹纹"大观"铭盏

北宋大观年间（1107~1110 年）
口径 9.2、足径 2.3、高 4 厘米
1959 年黄堡耀州窑遗址出土
耀州窑博物馆藏

喇叭形敞口、斜直腹、小尖圆底，圈足。盏内
印折枝牡丹纹、花心印楷书"大观"方框年款。
施青釉，色橄榄绿。底露胎、色灰白。

Celadon Light with Relief Decoration (Peony) and "DaGuan" Inscription

Daguan Reign, Northern Song Dynasty (1107-1110)
Diameter 9.2cm, Bottom 2.3cm, Height 4cm
Excavated from YaoZhou Kiln in 1959
Collection of YaoZhou Kiln Museum

90

青釉印花牡丹纹"政和"铭盏

北宋政和年间（1111~1118 年）
口径 9.1、足径 2.4、高 4 厘米
1959 年黄堡耀州窑遗址出土
耀州窑博物馆藏

喇叭形敞口，斜直腹，小尖圆底，圈足。盏内
印折枝牡丹纹，花心印楷书"政和"方框年款。
施青釉，色橄榄绿。底足露胎，色灰白。

Celadon Cup with Relief Decoration (Peony) and "Zhenghe" Mark

Zhenghe Reign, Northern Song Dynasty (1111-1118)
Diameter 9.1cm, Bottom 2.4cm, Height 4cm
Excavated from YaoZhou Kiln Site in 1959
Collection of YaoZhou Kiln Museum

91

青釉刻划水波纹盘

北宋（960~1127 年）

口径 11.9、高 1.9 厘米

黄堡耀州窑遗址出土

耀州窑博物馆藏

侈口、圆唇、斜壁、平底、卧足。盘内地刻五角形水波纹，周边衬刻卷浪，水波配有箆划纹。施青釉，釉色泛灰。足露胎，胎色灰白。

Celadon Plate with Carved Ripples

Northern Song Dynasty (960-1127)

Diameter 11.9cm, Height 1.9cm

Excavated from YaoZhou Kiln Site

Collection of YaoZhou Kiln Museum

92

青釉瓜棱腹执壶

北宋（960~1127 年）
口径 8.5、高 23 厘米
黄堡耀州窑遗址出土
耀州窑博物馆藏

喇叭口，卷沿，束颈，斜平肩，长鼓腹，圈足。
肩贴曲长流，对应一侧贴扁平双曲柄，壶腹饰
瓜棱一周。施青釉，色灰青。足底露胎，色灰白。

Celadon Pumpkin-Prism-Shaped Pot

Northern Song Dynasty (960-1127)
Diameter 8.5cm, Height 23cm
Excavated from YaoZhou Kiln Site
Collection of YaoZhou Kiln Museum

93

青釉荷口尊

北宋（960~1127 年）

口径 14.2、底径 7.6、高 14.9 厘米

耀州窑博物馆藏

敞口，翻卷沿，呈荷叶状，荷口内饰五竖道
叶筋。长颈，矮鼓腹，圈底，高足。施青釉，
色泛黄。底露胎，色灰白。

Celadon "Zun" with Floral Rim

Northern Song Dynasty (960-1127)

Diameter 14.2cm, Bottom 7.6cm, Height 14.9cm

Collection of YaoZhou Kiln Museum

94

青釉花口瓜棱腹瓶

北宋（960~1127年）
口径6.8、底径5.6、高17.5厘米
1986年黄堡耀州窑遗址出土
耀州窑博物馆藏

五曲花口，卷沿，长束颈，饰弦纹。丰肩，
上腹鼓，饰瓜棱。下腹急收呈高足状，间饰
弦纹，圈足外撇。

Celadon Pumpkin-Prism-Shaped Pot

Northern Song Dynasty (960-1127)
Diameter 6.8cm, Bottom 5.6cm, Height 17.5cm
Excavated from YaoZhou Kiln Site in 1986
Collection of YaoZhou Kiln Museum

95

青釉划花牡丹纹盘

北宋（960~1127 年）

口径 14.3、底径 4.4、高 3.1 厘米

2003 年铜川市印台区红土镇窖藏出土

耀州窑博物馆藏

敞口，圆唇，斜壁，平底，卧足。内壁划饰牡
丹叶纹、底划饰牡丹花纹。施青釉，色橄榄绿。
足露胎，色灰白。

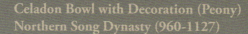

**Celadon Bowl with Decoration (Peony)
Northern Song Dynasty (960-1127)**

Diameter 14.3cm, Bottom 4.4cm, Height 3.1cm

Excavated from HongTu town of Tong Chuan in
2003

Collection of YaoZhou Kiln Museum

96

青釉划花牡丹纹盖碗

北宋（960~1127 年）

直径 15.3、足径 5.6、通高 11.4 厘米

2003 年铜川市印台区红土镇窖藏出土

耀州窑博物馆藏

碗：直口，圆唇，腹下收，圈足，内、外腹划饰缠枝牡丹纹。盖：子口平沿，隆顶，贴如意形纽，面划饰缠枝牡丹纹。施青釉，色橄榄绿。足跟、盖内露胎，色灰白。

Celadon Bowl with Decoration(Peony)

Northern Song Dynasty (960-1127)

Diameter 15.3cm, Bottom 5.6cm, Height 11.4cm

Excavated from HongTu town of TongChuan in 2003

Collection of YaoZhou Kiln Museum

97

青釉人物瓷塑

北宋（960~1127 年）

① 青釉胡人头：宽6厘米、残高6.5厘米

② 青釉侏儒：高5.4厘米

③ 青釉拱手人物：高13.1厘米

④ 青釉梳双髻人物：高7.3厘米

⑤ 青釉头顶扎髻拱手人物：高11.7厘米

⑥ 青釉挎剑人物：高10厘米

⑦ 青釉妇人抱婴：高 8.8厘米

⑧ 青釉婴抱蒲团：高6.4厘米

黄堡耀州窑遗址出土

耀州窑博物馆藏

Celadon Figure

Northern Song Dynasty (960-1127)

① Celadon Head of a Foreigner: Width 6cm, Height 6.5cm

② Celadon Dwarf: Height 5.4cm

③ Celadon Figure in a Bowing posture: Height 13.1cm

④ Celadon Figure with Double Bun hairstyle: Height 7.3cm

⑤ Celadon Figure Making a Hand-bow with Topknot: Height 11.7cm

⑥ Celadon Figure with a Sword: Height 10cm

⑦ Celadon Figure of Female Holding a Child: Height 8.8cm

⑧ Celadon Figure of a Child Holding a Futon: Height 6.4cm

Excavated from YaoZhou Kiln Site

Collection of YaoZhou Kiln Museum

1

2

98

黑釉酱斑碗

北宋（960~1127 年）
口径 14.4、足径 5.5、高 4.8 厘米
1986 年黄堡耀州窑遗址出土
耀州窑博物馆藏

敞口，厚圆唇，斜曲腹，圈足。施黑釉、内壁
黑釉面上有不规则的呈放射状的酱斑纹。足露
胎，色灰白。

Black-Glazed Bowl with Brown Spots

Northern Song Dynasty（960-1127）
Diameter 14.4cm, Bottom 5.5cm, Height 4.8cm
Excavated from YaoZhou Kiln site in 1986
Collection of YaoZhou Kiln Museum

7

8

3

4

5

6

99

酱釉六曲花口碗

北宋（960~1127 年）

口径 11.5、足径 3、高 5.5 厘米

1983 年黄堡耀州窑遗址出土

耀州窑博物馆藏

六曲花口，弧腹饰内凸外凹竖折棱，圜底，圈
足。施酱釉，釉失透。足底露胎，色灰白。

Brown-Glazed Six-lobed Bowl with Floral Rim

Northern Song Dynasty (960-1127)

Diameter 11.5cm, Bottom 3cm, Height 5.5cm

Excavated from YaoZhou Kiln Site in 1983

Collection of YaoZhou Kiln Museum

100

酱釉碟

北宋（960~1127 年）

口径 9.1、底径 3.2、高 1.7 厘米

1958 年黄堡耀州窑遗址出土

耀州窑博物馆藏

敞口，圆唇，浅斜壁，平底。施酱釉，釉失透。
底露胎，胎色灰白。

Brown-Glazed Dish

Northern Song Dynasty (960-1127)

Diameter 9.1cm, Bottom 3.2cm, Height 1.7cm

Excavated from YaoZhou Kiln Site in 1958

Collection of YaoZhou Kiln Museum

金代

瓷 器

金代，耀州窑在宋代制瓷的基础上持续发展。除传统的橄榄绿青瓷外，还出现了翠绿色青瓷和凝润如玉的月白釉瓷。青瓷的造型敦厚，装饰更加简约。叠烧工艺的应用，使得碗、盘类适合器形内地刮釉后留下涩圈。

101

青釉敞口碗

金代（1115~1234 年）
口径 11.1、足径 4.2、高 5.7 厘米
黄堡耀州窑遗址出土
耀州窑博物馆藏

敞口，圆唇，斜壁，平底，圈足。口沿外饰弦
纹，内底刮釉，涩圈。施青釉，色泛黄。足露胎，
胎色灰白。

Celadon Bowl with Contracted Mouth

Jin Dynasty (1115-1234)
Diameter 11.1cm, Bottom4.2cm, Height 5.7cm
Excavated from YaoZhou Kiln Site
Collection of YaoZhou Kiln Museum

102

青釉敛口碗

金代（1115~1234 年）
口径 10.8、足径 3.6、高 4.5 厘米
1988 年铜川市耀县柳林镇窖藏出土
耀州窑博物馆藏

口微敛，圆唇，弧壁，圜底，圈足。施青釉，
色姜黄，足露胎，色灰白。

Celadon Bowl

Jin Dynasty (1115-1234)
Diameter 10.8cm, Bottom 3.6cm, Height 4.5cm
Excavated from Yaoxian, Tongchuan City in1988
Collection of YaoZhou Kiln Museum

103

青釉印花水波鱼莲纹盘

金代（1115~1234 年）

口径 16.8、足径 6、高 3.5 厘米

黄堡耀州窑遗址出土

耀州窑博物馆藏

敞口，圆唇，浅弧腹，平底，圈足。内壁印水
波、莲花、双鱼纹，内底刮釉，涩圈。施青釉、
色姜黄。足露胎，胎色土黄。

**Celadon Plate with Relief Decoration
(Lotus and Fish)**

Jin Dynasty (1115-1234)

Diameter 16.8cm, Bottom 6cm, Height 3.5cm

Excavated from YaoZhou Kiln Site

Collection of YaoZhou Kiln Museum

104

青釉刻花莲纹碗

全代（1115~1234 年）
口径 19、足径 5.5、高 7.3 厘米
1981 年三原县高渠乡出土
耀州窑博物馆藏

敞口，圆唇，斜弧腹，圜底，圈足。口沿外
刻弦纹，碗内刻一叶一莲纹。施青釉，色翠绿。
足露胎，色灰白。

**Celadon Bowl with Carved Decoration
(Lotus)**

Jin Dynasty (1115-1234)
Diameter 19cm, Bottom 5.5cm, Height 7.3cm
Excavated from Sanyuan County in 1981
Collection of YaoZhou Kiln Museum

105

青釉刻花卧鹿纹碗

金代（1115~1234 年）
口径 21.9、足径 6.5、高 7.4 厘米
1983 年澄城县董家河村出土
耀州窑博物馆藏

敞口，圆唇，卷沿，沿外凹圈，斜弧腹，圜底，
圈足。碗内刻一回首俯卧于牡丹花丛的梅花鹿，
纹饰灵动，神态逼真。施青釉，色翠绿。足露
胎，色灰白。

Celadon Bowl with Carved Animal Decoration (Deer)

Jin Dynasty (1115-1234)
Diameter 21.9cm, Bottom 6.5cm, Height 7.4cm
Excavated from Chengcheng in 1983
Collection of YaoZhou Kiln Museum

106

青釉刻花吴牛喘月碗

金代（1115~1234 年）

口径 19、足径 6、高 6.7 厘米

耀州窑博物馆藏

敞口，圆唇，斜弧腹，圜底，圈足。沿外饰弦
纹，内刻如意开光、吴牛喘月纹，开光外刻牡
丹纹。施青釉，色翠绿。足露胎，色灰白。

**Celadon Bowl with Carved Floral
Decoration(Wu Niu Chuan Yue)**

Jin Dynasty (1115-1234)

Diameter 19cm, Bottom 6cm, Height 6.7cm

Collection of YaoZhou Kiln Museum

107

青釉刻花莲纹盘

金代（1115~1234 年）
口径 19.4、底径 4.4、高 3.0 厘米
耀州窑博物馆藏

敞口，宽平沿，平底，卧足，内底刻一叶一莲纹。
施青釉，色翠绿。足露胎，胎色褐红。

**Celadon Plate with Carved Floral
Decoration (Lotus)**

Jin Dynasty (1115-1234)
Diameter 19.4cm, Bottom 4.4cm, Height 3.0cm
Collection of YaoZhou Kiln Museum

108

青釉四方碟

金代（1115~1234 年）

口径 10.4、10.2、底径 5.5、5.4 厘米

耀州窑博物馆藏

方形，敞口，宽平沿，斜直壁，平底。施青釉，
色青绿。外底露胎，色褐红。

Celadon Plate

Jin Dynasty (1115-1234)

Diameter 10.4-10.2cm, Bottom 5.4-5.5cm

Collection of YaoZhou Kiln Museum

109

青釉印花莲纹八方碟

金代（1115~1234 年）
口径 11.6、底径 2.4、高 1.7 厘米
1988 年铜川市耀县柳林镇窖藏出土
耀州窑博物馆藏

八方形，敞口，折沿，浅腹，内腹八角有凹棱，
内底印莲纹。施青釉，色青绿，足露胎，色土黄。

**Celadon Plate with Relief Decoration
(Lotus)**

Jin Dynasty (1115-1234)
Diameter 11.6cm, Bottom 2.4cm, Height 1.7cm
Excavated from Yaoxian, Tongchuan City in 1988
Collection of YaoZhou Kiln Museum

110

青釉刻花三足炉

金代（1115~1234 年）
口径 12、高 13.2 厘米
1988 年铜川市耀县柳林镇窖藏出土
耀州窑博物馆藏

直口、平沿、方唇、束颈、鼓腹、圜底、凹圈、三兽足外撇。颈刻莲瓣，腹刻缠枝牡丹叶，外底刻双弦纹，底贴模印三兽足。施青釉，色青绿。炉内、足跟露胎，色土黄。

Celadon Censer with Carved Design

Jin Dynasty (1115-1234)
Diameter 12cm, Height 13.2cm
Excavated from Taoxian, Tongchuan City in 1988
Collection of YaoZhou Kiln Museum

111

青釉刻花花口瓶

金代（1115~1234 年）
口径 7.3、足径 7.3、高 18.1 厘米
1973 年黄堡耀州窑遗址出土
耀州窑博物馆藏

荷叶式卷口，细长颈，丰肩，瓜棱腹下收，宽台式高足。颈、肩、足刻莲瓣纹，腹刻牡丹纹。施青釉，色姜黄。底露胎，色土黄。

Celadon Vase with Carved Design and Floral Rim

Jin Dynasty (1115-1234)
Diameter 7.3cm, Bottom 7.3cm, Height 18.1cm
Excavated from YaoZhou Kiln Site in 1973
Collection of YaoZhou Kiln Museum

112

青釉刻花鼓钉纹盖盒

金代（1115~1234 年）

口径 10、底径 6、高 8.8 厘米

1987 年黄堡耀州窑遗址出土

耀州窑博物馆藏

盒敛口，圆唇，鼓腹，平底。盖子口，短斜平
沿，面近平。盖面刻折枝牡丹纹，沿贴六个梅
花形鼓钉。施青釉，色姜黄。盒、盖内，足露
胎，色土黄。

**Celadon Cover Box with Relief
Decoration**

Jin Dynasty (1115-1234)

Diameter 10cm, Bottom 6cm, Height 8.8cm

Excavated from YaoZhou Kiln Site in 1987

Collection of YaoZhou Kiln Museum

113

青釉刻花莲纹钵

金代（1115~1234 年）
口径 23.4、足径 7.1、高 14.9 厘米
耀州窑博物馆藏

侈口，圆唇，束颈，深鼓腹，下腹收，圈底。
底心刮釉，涩圈，圈足。内腹刻水波莲纹，外
上腹刻钱纹，近足处刻牡丹纹。施青釉，色青
绿。足露胎，色土黄。

Celadon Alms Bowl with Carved Design of Lotus

Jin Dynasty (1115-1234)
Diameter 23.4cm, Bottom 7.1cm, Height 14.9cm
Collection of YaoZhou Kiln Museum

114

青釉刻花莲纹梅瓶

金代（1115~1234 年）
口径 3.9、底径 12.8、高 40 厘米
耀州窑博物馆藏

双唇，小直口，短束颈，丰肩，上鼓腹，下腹
斜长，假足底，外撇，足内凹圈。近肩处刻钱
纹，腹刻缠枝莲花，近足处刻锥状莲瓣纹。施
青釉，色灰青。足底露胎，色土黄。

Celadon Plum Vase with Relief Decoration(Lotus)Lotus

Jin Dynasty (1115-1234)
Diameter 3.9cm, Bottom 12.8cm, Height 40cm
Collection of YaoZhou Kiln Museum

115

青釉刻花钱纹瓶

金代（1115~1234 年）

口径 6、足径 6、高 18 厘米

1988 年铜川市耀县柳林镇窖藏出土

耀州窑博物馆藏

喇叭口圆唇，长颈，溜肩，鼓腹，圈足。颈刻
七道凹弦纹，腹刻钱纹。施青釉，色青绿。底
露胎，色土黄。

Celadon Vase with Relief Decoration
(Coin) Pattern

Jin Dynasty (1115-1234)

Diameter 6cm, Bottom 6cm, Height 18cm

Excavated from Yaoxian, Tongchuan City in 1988

Collection of YaoZhou Kiln Museum

116

青釉卧童枕

金代（1115~1234 年）
残高 11.4、通长 24.4 厘米
2002 年立地坡耀州窑遗址东山王家出土
耀州窑博物馆藏

前壁模印二童相向而卧，左为男，右为女。施
青釉，釉色青中泛黄，玻璃质感强，有开片。
胎色浅灰白，质细。

Celadon Pillow with Decoration of Children

Jin Dynasty (1115-1234)

Height 11.4cm, Length 22.4cm
Excavated from YaoZhou Kiln Site in 2002
Collection of YaoZhou Kiln Museum

117

青釉盖碗

金代（1115~1234 年）
口径 9.9、底径 5.3、通高 10 厘米
1988 年铜川市耀县柳林镇窖藏出土
耀州窑博物馆藏

直口、圆唇、直腹、圜底、圈足。盖子口、斜平沿、
隆顶、圆立纽。施青釉，色青绿，盖、足露胎，
色土黄。

Celadon Bowl with a Lid

Jin Dynasty (1115-1234)
Diameter 9.9cm, Bottom 5.3cm, Length 10cm
Excavated from Yaoxian, Tongchuan City in 1988
Collection of YaoZhou Kiln Museum

118

青釉贴花八卦纹三足炉

金代（1115~1234 年）
口径 11、高 10.8 厘米
黄堡耀州窑遗址出土
耀州窑博物馆藏

双耳残，直口，方唇，平沿，束颈，溜肩，鼓腹，
腹贴八卦纹，坦底，三兽足。施青釉，色灰青，
炉内、足跟露胎，色土黄。

Celadon Burner with Decoration the Eight Trigrams

Jin Dynasty (1115-1234)
Diameter 11cm, Height 10.8cm
Excavated from YaoZhou Kiln Site
Collection of YaoZhou Kiln Museum

119

青釉狮座灯盏

金代（1115~1234 年）

口径 10.4、通高 9.2 厘米

1988 年铜川市耀县出土

耀州窑博物馆藏

灯由盏、卧狮、底座组成。盏呈多折花口式，
弧壁，平底，内底印花卉纹。狮屈肢卧长方形
踏板上，背驮灯盏。施青釉，色姜黄。踏板露
胎，有一小孔，色褐黄。

Celadon Lion-Shaped Lamp

Jin Dynasty (1115-1234)

Diameter 10.4cm, Length 9.2cm

Excavated from Yaoxian, Tongchuan City in 1988

Collection of YaoZhou Kiln Museum

120

青釉刻花牡丹纹盘

金代（1115~1234 年）
口径 18.5、底径 4.5、高 3.5 厘米
1988 年铜川市耀县柳林镇窖藏出土
耀州窑博物馆藏

敞口，圆唇，斜腹，坦底，内底刻折枝牡丹纹，
圈足。施青釉，色青绿。足露胎，色土黄。

Celadon Plate with Relief Decoration (Peony)

Jin Dynasty (1115-1234)
Diameter 18.5cm, Bottom4.5cm, Height 3.5cm
Excavated from Yaoxian, Tongchuan City in 1988
Collection of YaoZhou Kiln Museum

121

青釉刻花孔雀衔莲纹碗

金代（1115~1234 年）

口径 18.4、足径 4.8、高 6.7 厘米

耀州窑博物馆藏

敛口，圆唇，弧腹，圜底，内底刮釉，涩圈，
圈足。内壁刻印饰两只孔雀立姿回首，嘴衔
莲花。施青釉，色姜黄。外釉不到底，胎色
土黄。

**Celadon Bowl with Carved Decoration
(Peacock)**

Jin Dynasty (1115-1234)

Diameter 18.4cm, Bottom 4.8cm, Height 6.7cm

Collection of YaoZhou Kiln Museum

122

青釉刻花三婴攀莲纹碗

金代（1115~1234 年）

口径 19.9、足径 5.3、高 7 厘米

黄堡耀州窑遗址出土

耀州窑博物馆藏

敛口，圆唇，斜弧壁，圜底，内底刮釉，涩圈，
圈足。内壁刻印缠枝莲花、莲叶、茨菇纹，三
婴双手攀莲纹。施青釉，色姜黄。外釉不到底，
胎色土黄。

**Celadon Pillow with Relief Decoration
(Duck and Lotus)**

Jin Dynasty (1115-1234)

Length 27.5cm, Width 13.2cmm, Height 11.8cm

Excavated from YaoZhou Kiln Site

Collection of YaoZhou Kiln Museum

123

青釉刻花水波鸭莲纹枕

金代（1115~1234 年）

长 27.5、宽 13.2、高 11.8 厘米

黄堡耀州窑遗址出土

耀州窑博物馆藏

枕呈六面长方梯形，面弧曲，一侧有排气小孔。
面刻缠枝莲纹，前、后两面刻水波鸭纹，左、
右两侧刻牡丹纹。施青釉，色姜黄。

**Celadon Pillow with Relief Decoration
(Duck and Lotus)**

Jin Dynasty (1115-1234)

Length 27.5cm, Width 13.2cm, Height 11.8cm

Excavated from YaoZhou Kiln Site

Collection of YaoZhou Kiln Museum

124

月白釉荷叶式盖钵

金代（1115~1234 年）

口径 6.8、足径 3、通高 10 厘米

1988 年铜川市耀县柳林镇窖藏出土

耀州窑博物馆藏

敛口，圆唇，鼓腹，圈底，卧足；盖宽平沿，
翻卷呈荷叶形，隆面顶中央莲杆纽。施月白釉，
釉质肥厚，温润，盖内，足露胎，色土黄。

White-Glazed Alms Bowl with Decoration Lotus leaf

Jin Dynasty (1115-1234)

Diameter 6.8cm, Bottom 3cm, Length10cm

Excavated from Yaoxian, Tongchuan City in 1988

Collection of YaoZhou Kiln Museum

127

月白釉直腹钵

金代（1115~1234 年）
口径 13.3、足径 5.7、高 7.8 厘米
1988 年铜川市耀县柳林镇窖藏出土
耀州窑博物馆藏

直口，圆唇，深直腹，坦底，圈足。施月白釉，
釉质肥厚，温润如玉。足露胎，色土黄。

White-Glazed Alms Bowl

Jin Dynasty (1115-1234)
Diameter 13.3cm, Bottom 5.7cm, Height 7.8cm
Excavated from Yaoxian, Tongchuan City in 1988
Collection of YaoZhou Kiln Museum

元代

瓷器

元代，耀州窑的烧造规模不减。由于市场需求量增大，窑炉改造扩容、叠烧工艺推广，致使烧造的青瓷釉色呈姜黄，器内底多涩圈。耀州窑黄堡中心窑场在逐渐衰落的同时，立地坡、上店、陈炉等窑场如雨后春笋般发展起来。

128

青釉印花牡丹纹盘

元代（1206~1368 年）

口径 13.5、足径 6.6、高 3.4 厘米

1981 年陈炉耀州窑遗址出土

耀州窑博物馆藏

口微敛，尖圆唇，短弧腹，坦底，圈足，内底
印折枝牡丹纹。施青釉，色姜黄。外釉不到底，
胎色土黄。

Celadon Plate with Printed Peony Design

Yuan Dynasty (1206-1368)

Diameter 13.5cm, Bottom 6.6cm, Height 3.4cm

Excavated from YaoZho Kiln Site in 1981

Collection of YaoZhou Kiln Museum

129

青釉刻花莲纹碗

元代（1206~1368 年）
口径 17.8、足径 6.4、高 6.8 厘米
1980 年黄堡耀州窑遗址出土
耀州窑博物馆藏

敞口，圆唇，曲腹，圜底，圈足。碗内刻荷叶、
莲花、茨菇、水波纹。施青釉，色姜黄。外釉
不到底，胎色土黄。

Celadon Bowl with Carved Lotus Design

Yuan Dynasty (1206-1368)
Diameter 17.8cm, Bottom 6.4cm, Height 6.8cm
Excavated from YaoZhou Kiln Site in 1980
Collection of YaoZhou Kiln Museum

130

青釉花口印花盘

元代（1206~1368 年）

口径 13.5、底径 6.6、高 3.4 厘米

2003 年立地坡耀州窑遗址出土

耀州窑博物馆藏

花口，平沿，唇上翘，弧壁，坦底凹圈，平底。
沿印缠枝叶纹，壁饰一周凸棱，底印五组菊纹，
凹圈内印团菊纹。施青釉，色姜黄。外釉不到
底，胎色土黄。

Celadon Plate with Printed Floral Design

Yuan Dynasty (1206-1368)

Diameter 13.5cm, Bottom 6.6cm, Height 3.4cm

Excavated from YaoZhou Kiln Site in 2003

Collection of YaoZhou Kiln Museum

131
青釉刻花竖棱纹玉壶春瓶

元代（1206~1368 年）
口径 6.5、底径 7.9、高 29.5 厘米
耀州窑博物馆藏

喇叭口，卷沿，细长颈，溜肩，圆鼓腹下收，
圈足。颈肩处饰两道凸弦纹，肩刻莲瓣，莲瓣
下刻两道凹弦纹，腹刻一周竖棱纹。施青釉，
色姜黄。足露胎，胎色土黄。

Celadon Vase with Carved Design

Yuan Dynasty (1206-1368)
Diameter 6.5cm, Bottom 7.9cm, Height 29.5cm
Collection of YaoZhou Kiln Museum

132

青釉葫芦式龙流执壶

元代（1206~1368 年）

口径 2.6、底径 5.8、高 12.7 厘米

铜川市耀县出土

耀州窑博物馆藏

葫芦式，敛口，束颈，圆鼓腹，圈足。颈肩一
侧贴扁条曲柄，另一侧贴塑一口含管状的龙首
流。施青釉，色姜黄。外釉近足处，足露胎，
色土黄。

Celadon Gourd Pot

Yuan Dynasty (1206-1368)

Diameter 2.6cm, Bottom 5.8cm, Height 12.7cm

Excavated from Yaoxian, Tongchuan City

Collection of YaoZhou Kiln Museum

133

青釉刻花兽流执壶

元代（1206~1368 年）

口径 2.8、直径 5.9、高 11.2 厘米

铜川市耀县出土

耀州窑博物馆藏

直口，方唇，短斜直颈，斜平折肩，鼓腹，圈足。肩刻莲瓣纹，一侧贴塑嘴含管状短流，另一侧贴扁平曲柄。施青釉，色姜黄。足露胎，色土黄。

Celadon Ewer with Incised Floral and Beast

Yuan Dynasty (1206-1368)

Diameter 2.8cm, Diameter 5.9cm, Height 11.2cm

Excavated from Yaoxian, Tongchuan City

Collection of YaoZhou Kiln Museum

134

青釉刻花莲纹玉壶春瓶

元代（1206~1368 年）
口径 8、足径 8.1、高 28.8 厘米
1993 年富县出土
耀州窑博物馆藏

喇叭形口，厚圆唇，细长颈，溜肩，圆腹，圈足。
肩至腹底刻饰六组双道弦纹，肩刻双层覆莲纹。
通体施姜黄色青釉，釉层均匀、光亮，近足部。
足底露胎，胎色土黄。

Green Cerami Glazed Vase Decorated with Incised Lotus Pattern

Yuan Dynasty (1206-1368)
Diameter 8cm, Foot Diameter 8.1cm, Height 28.8cm
Excavated from Fu county in 1993
Collection of YaoZhou Kiln Museum

135

青釉瓷马

元代（1206～1368 年）
高 6.5 厘米
耀州窑博物馆藏

模塑，眼、耳、鼻、嘴、鬃、毛刻划生动，鼻
孔镂透为透气孔。缰绳、马鞍、障泥、脚蹬、
贴花革带一应俱全,立于长方形踏板。施青釉,
色姜黄。底露胎，色土黄。

Celadon Horse

Yuan Dynasty (1206-1368)
Height 6.5cm
Collection of YaoZhou Kiln Museum

136

青釉人面形瓷哨

元代（1206~1368 年）

高 4.2 厘米

2003 年立地坡耀州窑遗址出土

耀州窑博物馆藏

人头扁长形，饰扁平发髻，上有圆孔。长脸，
弯眉，大高鼻，张口。口部有两孔，上孔连通
头顶，下孔与颈相通。面部施釉，釉色姜黄。
背面露胎，胎色土黄。

Celadon Whistle with Face-shaped

Yuan Dynasty (1206-1368)

Height 4.2cm

Excavated from Lidipo, YaoZhou Kiln Site in 2003

Collcetion of YaoZhou Kiln Museum

137

青釉刻花双鱼纹碗

元代（1206~1368 年）
口径 12.7、足径 5.1、高 4.8 厘米
2002 年陈炉耀州窑遗址永兴村出土
耀州窑博物馆藏

敛口，斜弧腹，坦底，圈足。施青釉，色姜黄。
外釉不到底，施釉前上化妆土。碗内刻双鱼
衔草纹，外腹刻变形莲瓣纹，胎色灰白。

Celadon Bowl with Decoration(Floral and Two Fishes)

Yuan Dynasty (1206-1368)
Diameter 12.7cm, Bottom 5.1cm, Height 4.8cm
Excavated from Chenlu YaoZhou Kiln Site in 2002
Collcetion of YaoZhou Kiln Museum

138

青釉刻花莲纹碗

元代（1206~1368 年）

口径 14、足径 4.8、高 6.4 厘米

2002 年陈炉耀州窑遗址永兴村出土

耀州窑博物馆藏

敛口，斜弧腹，坦底，圈足。施青釉，色姜黄。
内满釉，外釉不到底，施釉前上化妆土。碗内
刻写意莲纹，外刻莲瓣纹。胎色灰白。

Celadon Bowl with Incised Lotus Pattern

Yuan Dynasty (1206-1368)

Diameter 14cm, Bottom 4.8cm, Height 6.4cm

Excavated from Chenlu YaoZhou Kiln Site of Yongxing Hamlet in 2002

Collcetion of YaoZhou Kiln Museum

139

茶叶末釉双耳瓶

元代（1206~1368 年）

口径 4.5、底径 10、高 20 厘米

陈炉窑产品

耀州窑博物馆藏

Tea-dust Glazed Amphora

Yuan Dynasty (1206-1368)

Diameter 4.5cm, Bottom 10cm, Height 20cm

Produced by Chenlu Kiln

Collcetion of YaoZhou Kiln Museum

直口，短颈，饰竹节凸棱，双耳，丰肩，圆腹，
圈足。施茶叶末釉，釉不到底，失透。胎色土黄。

140

黑釉窑变结晶碗

元代（1206~1368 年）
口径 16.5、足径 5.2、高 6.5 厘米
耀州窑博物馆藏

敞口，双唇，斜腹，圜底，圈足。外施黑釉不及底，
色绀黑光亮。内壁釉面满布结晶油滴斑纹。胎
色土黄。

**Black-Glazed Crystal Porcelain Bowl
with F-urnace Transmutation**

Yuan Dynasty (1206-1368)
Diameter 16.5cm, Bottom 5.2cm, Height 6.5cm
Collcetion of YaoZhou Kiln Museum

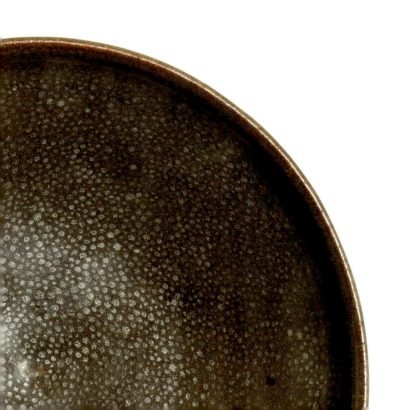

明清民国

瓷 器

明弘治至嘉靖间，耀州窑黄堡中心窑场已停烧，制瓷中心转向陈炉镇。陈炉、立地坡、上店等窑场，在继承传统制瓷技艺的基础上，又创烧出具有当地民间艺术特色的新品种。

141

青釉印花鱼莲纹碗

明代（1368~1644 年）

口径 18.6、足径 6、高 4.8 厘米

2005 年陈炉耀州窑遗址北头出土

耀州窑博物馆藏

平沿、斜弧腹、坦底、窄圈足。内壁印饰鱼莲纹，
底心刮釉，涩圈内印饰朵花纹。施青釉，色姜
黄。外釉不到底，胎色土黄。

Celadon Bowl with Stamping Fish and Lotus

Ming Dynasty (1368-1644)

Diameter 18.6cm, Bottom 6cm, Height 4.8cm

Excavated from The North of Chenlu YaoZhou Kiln Site in 2005

Collcetion of YaoZhou Kiln Museum

142

青釉敛口碗

明代（1368~1644 年）
口径 18.3、足径 7、高 7.3 厘米
1983 年铜川市城区陈炉中学窖藏出土
耀州窑博物馆藏

敛口，圆唇，弧腹，坦底，圈足。内、外均施
半釉，釉色姜黄，胎色土黄。

Celadon Bowl

Ming Dynasty (1368-1644)
Diameter 18.3cm, Bottom 7cm, Height 7.3cm
Excavated from The Site of Chenlu Middle School in
Tongchuan City in 1983
Collcetion of YaoZhou Kiln Museum

143

青釉白彩黑箍碗

明代（1368~1644 年）
口径 14、足径 5.8、高 8.8 厘米
2002 年立地坡耀州窑遗址七亩地出土
耀州窑博物馆藏

敛口，弧腹，高台形圈足。器内、外腹以上
施青釉，青釉釉下绘白彩朵花纹，腹下至足
施黑釉。足底露胎，胎色浅灰。

**Celadon Bowl with White Color and Black
Ferrule Decoration**

Ming Dynasty (1368-1644)
Diameter 14cm, Bottom 5.8cm, Height 8.8cm
Excavated from Lidipo YaoZhou Kiln Site，Qimudi in
2002
Collcetion of YaoZhou Kiln Museum

144

白地黑花花卉碗

明代（1368~1644 年）

口径 17.7、足径 8.7、高 12.3 厘米

2002 年陈炉耀州窑遗址宋家崖出土

耀州窑博物馆藏

敛口、尖圆唇、深弧腹、圜底、高台形圈足。
施白釉，施釉前上化妆土。铁料绘黑花，色呈
铁锈红。外腹绘写意花叶纹。胎色土黄。

The White Base Bowl with Black Flower Decoration

Ming Dynasty (1368-1644)

Diameter 17.7cm, Bottom 8.7cm, Height 12.3cm

Excavated from Songjiaya of Chenlu YaoZhou Kiln Site in 2002

Collcetion of YaoZhou Kiln Museum

145

白地赭花鱼纹盘

明代（1368~1644 年）
口径 19.4、底径 9.4、高 3.2 厘米
2002 年陈炉耀州窑遗址宋家崖出土
耀州窑博物馆藏

敞口，浅斜腹，坦底，圈足。施白釉，外釉不
到底，施釉前上化妆土。铁料绘赭花，内壁绘
水波花叶纹，底绘肥鱼衔水草纹。足底心阴刻
"宋奉"铭，其上黑釉书"郭奉涛"字样。

The White Base Bowl with Reddish Brown Flower and Fish

Ming Dynasty (1368-1644)
Diameter 19.4cm, Bottom 9.4cm, Height 3.2cm
Excavated from Songjiaya of Chenlu YaoZhou Kiln
Site in 2002
Collcetion of YaoZhou Kiln Museum

146

白地黑花婴戏纹双耳瓶

明代（1368~1644 年）
口径 7.8、底径 10.6、高 28.4 厘米
2002 年陈炉耀州窑遗址宋家崖出土
耀州窑博物馆藏

撇口，短颈，双耳，丰肩，鼓腹下斜收，台形高足。
内施黑釉，外施白釉，施釉前上化妆土，足露胎。
颈处铁料绘朵花纹，肩绘波浪纹，腹绘婴戏牡
丹纹，台足面绘回纹。底露胎，色土黄。

The White Base Vase with Black Flower and Decoration (Children Playing)

Ming Dynasty (1368-1644)
Diameter 7.8cm, Bottom10.6cm, Height 28.4cm
Excavated from Songjiaya of Chenlu YaoZhou Kiln
Site in 2002
Collcetion of YaoZhou Kiln Museum

147

白地黑花玉壶春瓶

明代（1368~1644 年）
口径 7.4、底径 7.9、高 25.7 厘米
陈炉窑产品
耀州窑博物馆藏

喇叭形敞口，平沿，束颈，溜肩，垂腹，圈足。
内施黑釉，外腹以上施白釉，施釉前上化妆土，
腹以下施黑釉，足露胎。口沿、颈、肩铁料绘
带状黑花纹，腹绘写意朵花纹。胎色土黄。

The White Base Vase with Black Flower

Ming Dynasty (1368-1644)
Diameter 7.4cm, Bottom 7.9cm, Height 25.7cm
Produced by Chenlu Kiln
Collcetion of YaoZhou Kiln Museum

148

白地黑花高足杯

明代（1368~1644 年）

口径 8.3、足径 4.1、高 8.4 厘米

陈炉窑产品

耀州窑博物馆藏

撇口，直腹，圜底，喇叭形高圈足。通体上化
妆土，施白釉，高圈足施黑釉，杯腹绘写意黑
花纹。足底露胎，色土黄。

The White Base Stem Cup with Black Flower

Ming Dynasty (1368-1644)

Diameter 8.3cm, Bottom 4.1cm, Height 8.4cm

Produced by Chenlu Kiln

Collcetion of YaoZhou Kiln Museum

149

白釉褐彩骑马人烛台

明代（1368~1644 年）
通高 14.4、座长 8.4、座宽 5 厘米
陈炉窑产品
耀州窑博物馆藏

头戴幞头，身前倾，背驮烛插。马昂首立于
长方形中空座台上。通体施白釉，上化妆土，
人面、幞头、马鬃、马眼、马饰均点绘褐彩。
马腔、座底露胎，色土黄。

**White Glazed Porcelain and Candelabra
Decoration (Brown Rider)**

Ming Dynasty (1368-1644)
Height 14.4cm, The Length of Pedestal 8.4cm,
Width 5cm
Producted by Chenlu Kiln
Collcetion of YaoZhou Kiln Museum

150

茶叶末釉玉壶春瓶

明代（1368~1644 年）

口径 7.7、底径 7.9、高 21.7 厘米

1983 年铜川市城区陈炉中学窖藏出土

耀州窑博物馆藏

喇叭口、束颈、溜肩、垂腹、圈足。颈、肩刻
两道弦纹，上腹、近足处各刻两道弦纹。施茶
叶末釉，色泛绿，失透，外不及底，胎色土黄。

Tea-dust Glazed Vase

Ming Dynasty (1368-1644)

Diameter 7.7cm, Bottom 7.9cm, Height 21.7cm

Excavated from The Site of Chenlu Middle School in
Tongchuan City in 1983

Collcetion of YaoZhou Kiln Museum

151

黑釉塔式节盒

清代（1644~1911 年）
最大口径 7.8、底径 8.9、通高 25.1 厘米
陈炉窑产品
耀州窑博物馆藏

多层套叠呈塔形。盖隆顶，伞形纽，短子口。
盒均为直口，短颈，广肩，鼓腹，圈足。施黑釉，
盒内半釉，外釉近足，芒口。盖内半釉，外釉
到沿边，芒口。釉色绀黑光亮，胎色土黄。

Black-Glazed and Tower-Shaped Boxes

Qing Dynasty (1644-1911)
The Biggest Diameter 7.8cm, Bottom 8.9cm,
Height 25.1cm
Produced by Chenlu Kiln
Collcetion of YaoZhou Kiln Museum

152

黑釉八卦杂宝纹双系扁壶

清代（1644~1911 年）

口径 3.2、足径 5.8、高 15 厘米

陈炉窑产品

耀州窑博物馆藏

敞口，短颈，溜肩，扁腹，台形椭圆式高足外撇。
肩贴对称弧形扁平双系，足跟有两穿孔。腹饰
八卦杂宝阳纹，边饰联珠纹。内、外均施黑釉，
色黑褐。足露胎，色灰白。

**Black-Glazed Double Flask with
"Bagua" Pattern**

Qing Dynasty (1644-1911)

Diameter 3.2cm, Bottom 5.8cm, Height 15cm

Produced by Chenlu Kiln

Collcetion of YaoZhou Kiln Museum

153

白地绞釉纹盘

清代（1644~1911 年）

口径 18、底径 12、高 3 厘米

陈炉窑产品

耀州窑博物馆藏

撇口，浅斜腹，坦底，圈足。通体施白釉，色
乳白。釉下上化妆土，足跟刮釉。器内底饰绞
釉纹，釉呈赭、褐、白三色。

**Porcelain Works with White Twistable
Glaze**

Qing Dynasty(1644-1911)

Diameter 18cm,Bottom 12cm, Height 3cm

Producted by Chenlu Kiln

Collcetion of YaoZhou Kiln Museum

154

白地赭花牡丹纹帽盒

清代（1644~1911 年）
口径 23.3、底径 15.5、通高 20.9 厘米
陈炉窑产品
耀州窑博物馆藏

盖敞口，弧折沿，隆顶，喇叭形纽。盒子口，圆弧腹，宽矮圈足。通体施白釉，釉下上化妆土。铁料绘赭花，盖面绘鱼莲纹，沿绘变形莲瓣，盒腹绘牡丹纹。盖内、足底露胎，色土黄。

The White Base Box with Decorated (Reddish Brown Flower and Peony)

Qing Dynasty (1644-1911)
Diameter 23.3cm, Bottom 15.5cm, Height 20.9cm
Produced by Chenlu Kiln
Collcetion of YaoZhou Kiln Museum

155

香黄地青花赭彩四系樽

清光绪三年（1877 年）
口径 10.8、底径 12.6、高 36.3 厘米
陈炉窑产品
耀州窑博物馆藏

盘口，短束颈，折肩，两对双系，深弧腹，宽
圈足。器外香黄釉为地，釉下上化妆土。赭彩
绘枝叶，白地开光内绘青花，书写"西京铜川
炉山造光绪三年春月造"。足露胎，色土黄。

Yellow Base Blue-and-White Porcelain Wine Goblet Decorated with Reddish Brown

The 3rd Year of Guangxu Reign (1877), Qing Dynasty
Diameter 10.8cm, Bottom 12.6cm, Height 36.3cm
Produced by Chenlu Kiln
Collcetion of YaoZhou Kiln Museum

156

香黄釉印花双耳三足炉

清代（1644~1911 年）
口径 24、高 12.8 厘米
陈炉窑产品
耀州窑博物馆藏

侈口，平沿，方唇，短束颈，鼓腹，圜底，凹
圈。沿贴对称形扁平双竖耳，腹底贴锥形三足。
颈部一周凸棱，炉腹戳印蝴蝶花卉纹。通体施
香黄釉，釉下上化妆土。足跟、内颈以下露胎，
色土黄。

**Fragrant Yellow Glaze Three Legged
Censer with Two Handles and Relief
Decoration**

Qing Dynasty(1644-1911)
Diameter 24cm，Height 12.8cm
Produced by Chenlu Kiln
Collcetion of YaoZhou Kiln Museum

157

白地赭彩罐

清光绪三十四年（1908 年）
高 17.2、口径 7.7、底径 10 厘米
陈炉窑产品
耀州窑博物馆藏

敛口，丰肩，深弧腹，台形足，足外两道凸棱。
外施白釉，下加施化妆土，赭彩绘牡丹、喜鹊纹，
书"光绪卅四年"。

The White Base and Reddish Brown Colour Pot

The 34th Year of Guangxu Reign (1908), Qing Dynasty
Height 17.2cm, Diameter 7.7cm, Bottom 10cm
Produced by Chenlu Kiln
Collcetion of YaoZhou Kiln Museum

158

白地黑花赭黄彩高足碗

民国（1912~1949 年）

口径 23.8、足径 8.1、高 16 厘米

陈炉窑产品

耀州窑博物馆藏

敞口，圆深弧腹，高圈足。圈足外墙两道凸棱。
通体施白釉，釉下上化妆土，内地涩圈。釉下
绘尖瓣菊朵，并加绘赭黄彩。腹底绘短线纹。

The White Base and Sienna High-footed Bowl with Decoration(Black Flower)

The Republic of China (1912-1949)

Diameter 23.8cm, Foot Diameter 8.1cm, Height 16.cm

Produced by Chenlu Kiln

Collcetion of YaoZhou Kiln Museum

159

白地黑花牡丹纹汤盆

民国（1912~1949 年）
口径 21.7、底径 10.1、通高 18 厘米
陈炉窑产品
耀州窑博物馆藏

盖子口，折沿，隆顶，喇叭形纽。盆直口，斜直腹，平底，菊瓣形双耳，五矮足，露胎，色土黄。通体施白釉，釉下加施化妆土，足底刮釉。釉下铁料绘黑花，盖面绘莲花、回纹。器身两组长方形倭角开光，内绘牡丹、竹子。

The White Base Soup Basin Decoration (Black Flower and Peony)

The Republic of China (1912-1949)
Diameter 21.7cm, Bottom 10.1cm, Height 18cm
Producted by Chenlu Kiln
Collcetion of YaoZhou Kiln Museum

160

青花莲纹碗

民国（1912~1949 年）
口径 20、足径 7.9、高 6.2 厘米
陈炉窑产品
耀州窑博物馆藏

敞口，斜折沿，弧腹，圜底，圈足。内、外施
白釉，釉下上化妆土，内心刮釉，涩圈。足露胎，
色土黄。内壁青花绘莲纹，外腹绘兰草纹。

Blue and White Porcelain Bowl with Lotus Pattern

The Republic of China (1912-1949)
Diameter 20cm, Bottom 7.9cm, Height 6.2cm
Producted by Chenlu Kiln
Collcetion of YaoZhou Kiln Museum

161

青花灵芝茶花纹盘

民国（1912~1949 年）
口径 17.8、底径 11.6、高 2.9 厘米
陈炉窑产品
耀州窑博物馆藏

敞口，圆唇，浅弧腹，坦底，圈足。通体施白釉，
釉下上化妆土。足露胎，色土黄。内底心饰花
瓣纹，弦纹圈内绘茶花纹，外绘饰灵芝、茶花纹。

Blue and White Porcelain Bowl Decoration (Glossyganoderma and Camellia)

The Republic of China (1912-1949)
Diameter 17.8cm, Bottom 11.6cm, Height 2.9cm
Produced by Chenlu Kiln
Collcetion of YaoZhou Kiln Museum

162

青花赭彩狮纽帽盒

民国（1912~1949 年）
口径 27.6、底径 16.1、通高 34.5 厘米
陈炉窑产品
耀州窑博物馆藏

盖敞口，斜沿，圆弧折隆顶，蹲狮纽。盒子口，
圆弧腹，圜底，宽矮内凹圈足。盖与盒口沿贴
饰对应三乳钉。器外施白釉，釉下上化妆土。
器内施化妆土。盖面绘青花莲纹、菊纹、钱纹，
蹲狮绘青花。器身青花赭彩绘牡丹和菊纹。口
沿、足露胎，色灰白。

**Blue and white Porcelain Hat Box
Decorated with Reddish Brown Colour
and Lion Shaped Button**

The Republic of China (1912-1949)
Diameter 27.6cm, Bottom 16.1cm, Height 34.5cm
Produced by Chenlu Kiln
Collcetion of YaoZhou Kiln Museum

163

青花人形枕

民国（1912~1949 年）
通高 14.7、底边长 19、宽 8.7 厘米
陈炉窑产品
耀州窑博物馆藏

枕为一卧姿妇人。榻面和人物施白釉，釉下上
化妆土。青花绘人物衣饰、面相、头发。榻
座施黑釉，一侧有小孔。底露胎，色土黄。

Blue and White Porcelain Human-shaped Pillow

The Republic of China (1912-1949)
Height 14.7cm, The Length of Baseline 19cm,
Width 8.7cm
Producted by Chenlu Kiln
Collcetion of YaoZhou Kiln Museum

164

青花赭彩寿星骑鹿瓷塑

民国（1912~1949 年）
通高 24.2、底座长 13.5、宽 6.9 厘米
陈炉窑产品
耀州窑博物馆藏

寿星双手捧桃骑于鹿上，鹿立于长方形踏板上。
寿星青花绘上衣，着黄彩长裤、黑彩履，头、
须施白釉。鹿施白釉，眼、嘴、鼻、蹄，踏板
施黑釉，青花绘鹿身梅花斑点。

Blue and White Porcelain Reddish Brown
Porcelain Sculpture (The Longevity Gods
Ridding Deer)

The Republic of China (1912-1949)
Height 24.2cm, The Length of Pedestal 13.5cm,
Width 6.9cm
Producted by Chenlu Kiln
Collcetion of YaoZhou Kiln Museum

165

青花观音坐像

民国（1912~1949 年）
通高 28.7 厘米
陈炉窑产品
耀州窑博物馆藏

观音头戴花冠，身着袈裟，双手合十，结跏趺
坐于椭圆束腰莲座上。莲座以上施白釉，釉下
上化妆土，青花绘莲座、观音形象，莲座下绘
褐彩。

Blue and White Porcelain Statue of Guanyin

The Republic of China (1912-1949)
Height 28.7cm
Producted by Chenlu Kiln
Collcetion of YaoZhou Kiln Museum

166

蓝釉土地神坐像

民国（1912~1949 年）
通高 16.2 厘米
陈炉窑产品
耀州窑博物馆藏

土地神头戴折帽，穿长衫、宽裤，足蹬翘角履。
右臂垂抚于膝，左臂弯曲置于胸前。通体施化
妆土后罩白釉，正面蘸蓝釉。胎色土黄。

Blue Glazed Porcelain Statue of The Land God

The Republic of China (1912-1949)
Height 16.2cm
Producted by Chenlu Kiln
Collcetion of YaoZhou Kiln Museum

后记

　　笔者在耀州窑工作近四十年，推出一部有关耀州窑的专业性、普及性专作，与文物界同行研讨切磋，共享体会和收获，同时展示和传播耀州窑文化，是自己多年来挥之不去的夙愿。2010年4月退休后，时间相对宽裕，出书一事提上日程。书中有些观点是学术界公认的，亦有自己新的探索与管见。选录的器物大部分是耀州窑博物馆的藏品，其中有20世纪八九十年代和同事在窑址征集、发掘的，亦有陕西省考古研究所、铜川市考古研究所发掘的，还有2012年承担并主持国家文物局社科项目"陈炉地区古窑址考古调查和研究"时的发掘品和征集品。这些珍贵的文物已构成笔者生命的一部分，陪伴着笔者走过了最值得纪念的人生历程。

　　拙作即将付梓之时，心情久久不能平静。特别要怀念感谢曾任铜川市市长、市委书记，原陕西省人大常委会副主任刘遵义先生。他在铜川主政期间，重视耀州窑文物保护，力主建立耀州窑博物馆。如果没有他当年的重视和决策，没有他亲自争取项目经费，就没有今天耀州窑文物保护和博物馆的辉煌成就。他生前得知笔者要编撰出书，不仅热情鼓励，而且还要求有关部门给予支持和帮助。

　　中国古陶瓷研究领域的泰斗、故宫博物院研究员耿宝昌先生欣然题写了书名。原文化部副部长、故宫博物院院长，现任故宫研究院院长郑欣淼先生；中国古陶瓷学会会长、河南省原考古研究所所长、孙新民先生十分关心和支持拙作的推出，在百忙之中为本书作序。

　　铜川籍著名史前考古学家、陕西省社会科学院原副院长、陕西省考古研究所名誉所长石兴邦先生，关注支持家乡文物事业，耀州窑遗址的考古发掘是他决策安排的。原陕西省考古研究所泾水考古队队长，1959年黄堡耀州窑遗址发掘主持人唐金裕先生，陕西省考古研究所研究员杜葆仁、禚振西夫妇为耀州窑遗址的考古发掘作出了重要贡献。铜川市文物旅游局原局长董一俊先生是铜川文物事业和耀州窑遗址保护、博物馆建设的开拓者，也十分关心本书的编撰。谨此一并致谢！

　　铜川市考古研究所研究员陈晓捷先生帮助校阅了书稿，并提出宝贵意见。西北大学靳文斯、卢宣淼承担了器物条目的英文翻译工作，陕西师范大学教授杨瑾女士审订并校译了英文。故宫博物院古器物部副主任、研究员吕成龙先生，国家文物局服务中心主任谭平先生，西北大学文化遗产学院讲师魏女女士，西安半坡博物馆馆长张理智先生，耀州窑博物馆，北京国华文保文物勘探有限公司等都提供了热情的帮助，一并致谢！

还要感谢文物出版社科技保护图书中心的王戈主任。和她已是第二次合作，经由她和出版社编辑的精心高效的工作，本书得以顺利出版。

和谐的家庭是幸福的港湾，夫人的关心和后勤保障使书稿得以顺利完成，女儿薛雯也利用业余时间整理编辑了器物图。

最后，借此机会向曾经关心耀州窑遗址的考古发掘、文物保护、学术研究、博物馆事业的专家学者、各级领导和同事们表达由衷的敬意。

薛东晨

2018 年 3 月 1 日

于铜川新区寓所